나를 브랜딩하는 스피치 기술

나를 브랜딩하는 스피치 기술

초판 1쇄 발행 2019년 12월 2일
초판 2쇄 발행 2019년 12월 18일

지은이 이명희

발행인 백유미 조영석
발행처 (주)라온아시아
주소 서울특별시 서초구 효령로 34길 4, 프린스효령빌딩 5F

등록 2016년 7월 5일 제 2016-000141호
전화 070-7600-8230 **팩스** 070-4754-2473

값 14,500**원**
ISBN 979-11-90233-33-0 (03320)

※ 라온북은 (주)라온아시아의 퍼스널 브랜드입니다.

PERSONAL

나를 브랜딩하는 스피치 기술

BRANDING

스피치로 나의 가치를 높이고 나를 차별화하라

SPEECH

이명희 지음

RAON BOOK

– 프롤로그 –

퍼스널 브랜딩 스피치로 제2의 인생을 준비하라

스피치는 꿈이다

나는 지금도 꿈을 꾼다. 퍼스널 브랜딩 스피치(personal branding speech)를 통해 많은 사람들에게 당당함과 자신감을 줄 수 있다는 확신이 있기 때문이다.

꿈이란 희망이자 바람이다. 우리는 하루하루를 그냥 사는 것 같지만 크고 작은 꿈을 꾸면서 살고, 꿈이 있는 사람은 현재를 진행형으로 산다고 할 수 있다. 그렇지만 막연한 바람만으로는 꿈이 유지되지 않는다. 관심과 애정을 듬뿍 주어야만 꿈이 시들지 않고 생명력을 유지할 수 있다. 당신의 꿈은 어떤가?

자신의 분야에서 일인자가 되는 것이 꿈인 연구원이 있었다. 그런데 그는 열심히 연구하고 노력해서 뽑아낸 자료를 제대로 전달하지 못했고, 발표력 부족으로 자신의 꿈에 가까이 가지 못하고 좌절하며 힘들어했다.

사회적으로 이름이 알려진 어느 대기업 회장님은 성공 신화를 들려달라는 강의 요청을 받았다. 그는 '평소대로 편하게 내 이야기를 하면 되겠지.' 하는 생각으로 무대에 올랐지만, 충분히 준비되지 않은 강의는 결국 자기 자랑으로 끝나고 말았다. 그의 경험과 노하우에 대해 궁금했던 청중에게도 아쉬움만 남긴 사례이다.

이렇게 모처럼 찾아온 좋은 기회도 말로 잘 표현하지 못하면 실패로 끝날 수밖에 없다. 내 안에 많은 능력이 있어도 표현하지 못하면 인정받기 어렵다.

'말로 하지 못하면 아는 것이 아니다.'라는 《탈무드(Talmud)》의 교훈처럼, 정확하고 적절한 표현은 그 사람을 빛내주는 경쟁력이 된다.

내게 상담을 청했던 40대 초반의 회사원 K 씨는 전화 목소리조차 자신이 없고 두려움에 가득 차 있었다.

"전 무대 울렁증이 너무 심해서 고통스럽습니다. 여러 사람 앞에만 서면 머리가 하얘지고 손에 땀이 나고 목소리가 갈라져서 너무 답답합니다. 그래서 회사를 그만두고 자영업을 해야 하나 심각하게 고민도 했습니다. 소심한 성격도 코칭을 받으면 극복할 수 있을까요?"

한마디로 답하면, 극복될 수 있다.

자신의 증상을 알고 기본 패턴을 익혀 공부하면 충분히 그런 증상에서 벗어날 수 있다. 내 코칭과 함께 꾸준히 커리큘럼에 맞는 공부를 하며 노력한 결과, K 씨는 현재 사내 강사로 활약하고 있다. 회사 다니는 것까지 포기하려던 그가 떨지 않고 말만 잘했으면 좋겠다는 바람을 뛰어넘어, 지금은 많은 사람에게 꿈과 희망을 주는 사내 강사로 활발히 활동하고 있는 것이다. 이렇게 상상도 못했던 놀라운 변화 역시 충분히 가능하다.

입사를 위해서도, 원하는 학교에 입학하기 위해서도 스피치 실력은 반드시 필요하다. 내 꿈을 이루어주고 누군가에게도 꿈이 되어줄 수 있는 퍼스널 브랜딩 스피치 공부는 더 이상 선택이 아니라 필수가 되었다.

스피치는 소통이다

"소통이 불통이면 고통이 된다."

소통은 이 시대의 화두이다. 소통만 잘되면 대부분의 일은 술술 잘 풀리게 된다. 가정, 직장, 사회, 한걸음 더 나아가 국가 간에도 소통만 잘되면 모든 것이 순조롭게 굴러간다.

소통의 가장 기본은 자신과의 소통이다. 내면의 나와 소통이 잘되고 있는지 느껴보자. 의외로 많은 사람들이 자신과의 소통에 익숙하지 않다. 그래서 내 스피치 수업의 70퍼센트는 '자신과의 소통'이 주제이다. 발표를 겁내고 불안해하는 것도 자신과의 소통이 원활하지 않기 때문이다. 자신의 단점과 불안의 원인을 분명히 깨달은 후 자신을 표현하는 연습을 하면 좋아질 수 있다. 그러나 스피치에 자신이 녹아들지 않으면 타인과의 소통도 어려워진다.

가정에서도 마찬가지이다. 왜 부부 싸움을 하게 되고, 자녀들과 말이 통하지 않을까? 소통이 되지 않기 때문이다. 아무리 사랑하는 가족이라 해도 눈빛만으로 모든 걸 알아낼 수는 없다. 그러므로 대화가 중요하며, 상대의 입장과 기분을 파악하고 적당한 타이밍에 맞춰 대화를 이끄는 것이 바로 소통의 기본이다.

건설업으로 성공을 거둔 한 수강생이 있었다. 사람 좋기로 소문난 그였지만 아내와는 소통을 잘하지 못했다. 평소에는 잘 지내다가도 기분이 조금만 나빠지면 아내에게 금방 화를 내고 말이 거칠어졌다. 단체장이었던 그는 조직을 이끄는 리더십 스피치를 배우러 왔지만 결국 소통부터 먼저 공부하게 되었고, 그 과정에서 점차 변화할 수 있었다.

직장 상사의 고압적이고 지시적인 말투는 부하 직원들과의 단절을 가져온다. 선생님이 학생들의 입장을 이해하지 못한 채 일방적으로 보내는 격려의 말도 결코 올바른 소통은 아니다. 이처럼 모든 일에는 기본이 있다. 소통의 기본은 먼저 내면의 자신부터 점검하는 것이다. 그리고 그다음으로는 주변을 돌아보는 것이다. 일방적으로 자기주장만 하다 보면 소통은 이루어지지 않는다. 하지만 그것을 깨닫고 실천하는 것은 결코 쉽지 않다.

스피치는 리더십이다

몇 명이라도 사람이 모인 곳에는 리더가 있기 마련이다. 리더의 역할은 조직원들을 통솔하고 뜻을 모아 모임의 특성을 잘 살리는 것인데, 그럴 때 필요한 것이 바로 스피치 능력이다.

한 초보 정치인이 있었다. 그는 정치 경험도 전혀 없었고 공부도 충분하지 못했다. 주변의 권유와 여건에 떠밀려 시민 대표가 된 그는, 막상 그 자리에 서게 되자 두려움마저 느꼈다. 준비되지 않은 자신을 돌아보며 밤잠을 설쳤다. 그러나 스피치를 공부하게 되면서부터 점점 생각을 정리하는 습관을 갖게 되었고, 주변을 바라보는 시각도 달라졌다. 지금은 당당한 모습으로 대중 앞에 서는 그를 보면서 퍼스널 브랜딩 스피치가 주는 효과를 실감하게 된다.

요즘은 대학생들의 수업 과제도 발표로 이루어진다. 몇 명이 소그룹을 만들어 공동으로 자료를 조사하고 영상도 만든다. 그러나 과제의 마무리는 발표자의 몫이다. 욕심도 많고 의욕적인 J 군은 스스로 발표를 자원하고 친구들과 교수님 앞에 섰다. 그런데 평소 스피치를 만만하게 봤던 그는 기대치에 훨씬 못 미치는 결과를 얻게 되었고, 망신은 물론 친구들에게도 미안한 상황을 맞을 수밖에 없었다. 그는 이후 스피치 수업을 받으며 완전히 달라진 모습을 보이게 되었고, 그 모습을 보며 어떤 모임에서든 리더라면 스피치에 대한 노력을 절대 게을리해서는 안 된다는 깨달음을 다시 한 번 얻었다.

리더는 여러 가지 역량을 갖추어야 한다. 조직을 이끌어갈 계획과 분명한 목표 의식, 원만한 인간관계 등 다양한 능력이 필요하다. 그러나 아무리 좋은 조건을 갖추었더라도 조직원을 이끌어갈 리더의 스피치 능력이 부족하다면 그 조직은 오래가지 못한다. 긴 말이나 멋진 말이 아니어도 된다. 그 조직에 걸맞은 말이면 된다. 그리고 리더를 꿈꾸는 사람이라면 누구나 퍼스널 브랜딩 스피치를 통해 자신감과 리더십을 키워야 한다. 준비된 사람에게는 반드시 기회가 온다는 평범한 진리를 잊어서는 안 된다.

이 책은 퍼스널 브랜딩 스피치를 어떻게 익혀야 하는지 담고 있다. 먼저, 자신을 브랜드화하기 위한 첫 단계로 자신을 돌아보는 방법을 설명했다. 둘째로 나 자신을 리모델링하면서 스피치를 통해 꿈을 찾는 방법과 과정, 셋째로 퍼스널 브랜딩 스피치를 통해 새로운 가치를 찾고 기회를 놓치지 않는 방법을 설명했다. 넷째, 다양한 실전 스피치 스킬을 소개하고, 마지막으로 지금 자신의 말하기를 돌아보지 않으면 멋진 노년이 아니라 꼰대의 삶을 살게 될 것임을 이야기한다.

말하기 습관은 저절로 고쳐지지 않는다. 더 많은 이들이 퍼스널 브랜딩 스피치를 통해 지금의 잘못된 말 습관을 바로잡고, 자신만의 가치를 빛내면서 행복하게 소통하는 삶이 되기를 바란다.

3장 떨지 않고 말하는 10가지 스킬

4장 타고난 달변가처럼 말하는 10가지 스킬

1장

스피치로 나를
브랜드화하라

SPEECH

나의 가치를 발견하고 나답게 표현하자

나의 가치를 찾아 표현하면 퍼스널 브랜딩 스피치가 된다

세계적인 경영 컨설턴트 톰 피터스(Tom Peters)는 “퍼스널 브랜드가 개인의 성공 요소로 작용할 것이다.”라고 예측했다. 요즘 인기 있는 유튜브의 1인 크리에이터는 퍼스널 브랜드의 힘을 잘 보여주는 대표적인 사례이다. 오늘날에는 이처럼 각자의 개성과 경험, 끼를 살려 스스로를 브랜드화한 사람들만이 살아남을 수 있다.

‘브랜드(brand)’라는 단어는 ‘달구어지다’라는 뜻의 노르웨이어 ‘brandr’에서 비롯되었다. 가축이나 물건의 소유권을 표시하기 위해 각 농가에서 저마다의 모양을 낙인으로 찍었던 것에서 유래했다. 자신만의 개성이나 특징을 구별하기 위한 의미로 사용되다, 현재는 상품이나 개인의 가치를 드러내는 기호로서 기능하고 있다.

이제 100세 시대는 피할 수 없는 현실이 되었고, 준비되지 않은 노후는 재앙이란 말이 결코 남의 이야기가 아니다. 우리는 좀 더 오래 일해야 하고, 일을 생계의 수단뿐만 아니라 즐길 수 있는 놀이로 만들어야 한다. 그리고 그러기 위해서는 자기 자신이 브랜드가 되어야 한다. 축구라고 하면 손흥민, 피겨스케이트는 김연아, 명 MC라면 유재석이 바로 떠오른다. 그야말로 이름 석 자가 브랜드가 된 사람들이다. 물론 누구나 일인자가 될 수는 없으며, 일인자가 아니더라도 괜찮다. 적어도 자기 분야, 자신이 하고 싶은 일에서는 자기 이름이 하나의 브랜드가 될 수 있도록 노력해보자.

요즘 요리사로 대한민국을 강타하고 있는 백종원 씨를 보라. 그의 스피치는 확실하다. 만일 그가 요리만 잘하는 사람이었다면 그의 영역은 주방이 전부였을 것이다. 그러나 백종원 씨의 스피치 실력은 요리 실력에 버금갈 만큼 뛰어나다. 그는 요리를 설명할 때도, TV 패널로 출연해서도 거침없는 말로 좌중을 압도한다. 누구보다 확실한 스피치의 힘이 그를 움직이는 기업, 요리하는 퍼스널 브랜딩 스피커로 만들었다.

내가 진행하는 스피치 수업의 부교재는 박웅현의 《여덟 단어》라는 책이다. 저자는 어릴 때부터 무대공포증이 심했다. 대학생이 되어서 상을 탈 때조차 단상에 올라가는 게 두려워 술을 마시고 그 자리를 피했다고 한다. 직업상 프레젠테이션을 할 때는 티셔츠가 흠뻑 젖을 만큼 긴장했고, 말하는 것을 어려워했다. 그러나 광고업을 운영하기 위해서는 광고주들을 설득해야 했으므로 끊임없는 노력으로 스피치 실력을 쌓았고, 현재는 TBWA KOREA 크리에이티브 대표로 활동 중이다.

퍼스널 브랜딩 스피치는 뭐가 다를까?

퍼스널 브랜딩 스피치는 자신의 가치를 발견하여 자신답게 표현하는 것이다. 그래서 퍼스널 브랜딩 스피치를 잘하려면 제일 먼저 자기 자신을 알아야 한다. 자신의 숨겨진 잠재력은 무엇인지, 살면서 중요하게 생각했던 것과 좋아하고 잘하는 것은 무엇이었는지 적어보고 이유도 생각해본다. 그러면 내면의 자아를 발견할 수 있고, 퍼스널 브랜딩 스피치를 통해 자기만의 브랜드를 만들 수 있다. 자신의 삶과 경험이 자신의 색깔로 표현될 때 차별화된 퍼스널 브랜딩 스피치가 된다.

대장간에서 무뎌진 농기구를 뜨거운 불에 담금질하면 도구로서 다시 쓸 수 있는 가치를 되찾게 된다. 사람도 마찬가지이다. 나이를 먹을수록 익숙함이란 타성에 젖어 새로운 도전을 두려워하는 사람은 무뎌진 도구와 마찬가지이다. 하지만 퍼스널 브랜딩 스피치를 배우고 활용하면 시간이 지나면서 쌓인 경험과 노하우를 살려 자신을 다시 리모델링할 수 있다.

정년을 앞두거나 새로운 일에 도전하는 수강생이 찾아오면 나는 반드시 '자신을 돌아보는 과정'을 밟게 한다. 그래야 스스로의 가치를 잘 파악해 제2의 인생 설계를 해나갈 수 있기 때문이다.

재관 씨는 올해 30년차 공무원이다. 얼마 남지 않은 퇴직을 생각하니 고민이 되어 밤잠을 설칠 때가 많다고 했다. 취미로 배드민턴도 꾸준히 했고 책도 열심히 읽었지만 늘 마음 한쪽이 허전했다. 정년 후 무엇을 제2의 직업으로 삼아 살아야 할지 고민되었기 때문이다. 그런데 수업을 들으면서 돌아보니 누구보다 소통을 잘하는 자신을 발견하게 되었다고 한다. 다른 이의 이야기를 들어주고 공감을 잘하며, 상대와 소통하는 것에 보람을 느낀다. 직장에서도 까다롭고 시끄러운 민원은 모두 그가 해결하곤 한다. 재관 씨는 그렇게 뒤늦게 발견한 자신의 장점을 살려 제2의 직업으로 상담사가 되기로 결심했다. 그래서 그는 자신을 솔직하게 표현하고 상대방의 이야기에 귀를 기울이는 경청을 연습하면서 소통하는 노력을 하고 있다. 이처럼 퍼스널 브랜딩 스피치란 자신의 장점과 가능성을 찾아 가치를 부여하고, 자신만의 무기를 만드는 것이다.

경험을 살리면 브랜드가 된다

한 분야에서 10년이 지나면 장인, 20년이 지나면 명인, 30년이 넘으면 달인이라고 한다. 내 수업의 수강생 중에는 달인들도 꽤 있다.

일명 '소 아빠' 수완 씨는 30년 넘게 한우 농가에서 일해왔다.

그런데 농가의 모습도 예전과는 많이 다르다. 풀을 베어다 소죽을 끓이고 왕겨를 뿌려 여물을 주던 시대는 지났다. 현재는 최첨단 기술로 소들의 식사량을 체크하고, 건강관리는 물론 품질 관리까지도 컴퓨터를 사용한다. 그렇지만 소는 살아 있는 생물이다. 아무리 기계가 발달해도 살아 있는 생명체는 변수가 많다.

수완 씨는 그동안의 경험을 바탕으로 소들의 눈빛만 봐도 그들의 감정을 읽을 수 있다. 그래서 수십 년의 노하우를 후배들에게 알려주거나 종종 조언도 한다. 그러다 이번에 드디어 서울축협 이사로 출마하게 되었다.

그런데 그에게는 여러 사람 앞에서 말하기가 너무 어렵다는 고민이 있었다. 고민 끝에 그는 도저히 안 되겠다 싶어 내 수업을 들으러 왔다.

"원장님, 이사로 출마하려면 소견 발표를 해야 하는데 말하기가 정말 어렵네요."

"어떤 부분이 가장 힘드신가요?"

"사람들 앞에서 이야기하려면 머릿속이 하얘지고 내용도 떠오르질 않아요."

"그럴 수 있습니다. 그동안 스피치 경험도 없고 방법도 몰라서 그런 거예요."

나는 그에게 생각 정리 스킬부터 가르치기 시작했다.

먼저 하고자 하는 이야기를 이미지화한다. 시간을 확인하고 꼭 해야 할 말의 키워드를 정한다. 주어진 시간이 3분 정도라면 세 개의 키워드가 적당하다. 그리고 결론을 분명히 하는 것이 중요하다. 수완 씨의 경우도 키워드 잡는 방법을 스스로 터득하게 연습했다. 소들을 키우며 평생 일해온 노하우를 차근차근 적어가며 표현해 보니 훌륭한 출마 글이 되었다. 수완 씨는 그렇게 자신의 이야기를 잘 만들어 5:1의 경쟁률을 뚫고 당당하게 이사로 당선되었다. 그 후 그는 한우농장 대표, 서울축협 이사로 일하면서 후배들에게 열정적인 강의까지 하고 있다. 이사 당선 후 만난 수완 씨는 이렇게 말했다.

"원장님, 말을 못해서 답답했던 제 인생이 뻥 뚫린 것 같아요. 정말 고맙습니다."

그 말을 들으며 보람과 함께 퍼스널 브랜딩 스피치의 파워에 대해 새삼 느낄 수 있었다. 이처럼 자신의 경험과 기술에 가치와 의미를 부여하면 퍼스널 브랜드로 나아갈 수 있고, 그것을 통해 오래 일하면서 즐기는 인생을 만들 수 있다.

스피치는 꿈을 이루는 도구이다

내 인생은 내가 만든다

당신의 미래는 어떤 모습일까? 굳이 멀리 보지 않더라도 1년, 3년, 5년 후만이라도 생생하게 그려본 적 있는가? 애써 외면하고 싶은 미래. 하지만 서서히 다가오는 현실을 방관하는 것이 답은 아니다. 그래서 지금부터라도 자신의 인생은 스스로 설계하고 만들어 가야 한다.

나이 들면 돈과 건강이 있어야 행복하다. 그러나 평범한 사람들 대부분은 자녀들 양육비와 교육비, 결혼자금 등을 준비하느라 자신의 노후는 확실하게 준비하지 못한다.

그래서 은퇴 후에도 일을 해야만 한다. 돈을 벌기 위해서도 그렇지만, 고령화시대에 사회 활동을 하기 위해서도 일은 필요하다.

이제는 누구나 한 번 사는 인생이 아니라 두 번째 인생까지 설계해야만 하는 것이다.

준우 씨는 상고를 졸업하고 은행원으로 30년을 근무했다. 열심히 일한 덕분에 두 딸이 대학을 졸업하고 결혼할 때까지 훌륭히 키워냈다. 그런데 곧 다가올 정년을 생각해보니 정작 본인의 노후 설계는 전혀 되어 있지 않았다. 무엇을 해야 하나 고민하던 중 평소에 텃밭 가꾸기를 좋아했다는 걸 깨달았다. 고향이 시골이었던 그는 귀농을 해서 특수 작물을 재배하려는 계획을 세웠다. 마침 시골에 남아 있던 동창들을 찾아가 이야기했더니, 친구들도 힘을 합쳐 재배부터 판매까지 함께하자고 나섰다.

그래서 준우 씨는 영농자금을 지원받는 과정부터 판매까지 자신이 총괄하기로 계획하고, 앞으로 있을 프레젠테이션이나 사람들과의 만남에 필요한 소통을 위해 스피치 공부를 시작했다. 목표가 생겨서인지 그는 자신감이 생겼고, 퍼스널 브랜딩 스피치를 통해 자신의 가치를 제대로 인정받고 능력을 발휘할 수 있었다. 다가오는 미래는 준우 씨와 같이 준비하는 자에게만 기회가 생긴다.

나를 돌아보는 말이 새로운 길을 만든다

일반적으로 공식적인 은퇴 시기는 60세이지만, 40~50대 가장들도 직장을 그만두거나 재취업을 해야 하는 경우가 많다. 전 직장에서는 나름대로 직위도 있고 경험도 있어 문제가 없었던 사람도 재취업을 하려면 상황은 완전히 달라진다. 왕년에 내가 누구였는데, 하는 생각이 남아 있으면 스스로도 힘들고 주변 사람들도 피곤하다.

퍼스널 브랜딩 스피치 수업을 받으러 온 수강생 중에 35년을 철도청에 근무하고 정년퇴임을 앞둔 종수 씨가 있었다. 그는 공로연수로 출근을 하지 않고 6개월을 보냈는데, 처음 3개월은 정말 행복했다고 한다. 출근할 때와는 달리 늦잠도 자고, 산에도 가고, 친구들끼리 모여 맘껏 술도 마셔봤다. 그런데 어느 날 정신을 차리고 보니, 아직 미혼인 두 아들도 있는데 얼마 되지 않은 퇴직금으로 남은 인생을 살기에는 턱없이 부족한 현실이 보였다. 그리고 이제는 제2의 인생을 살아가야 하는 시점이라는 깨달음이 왔다.

재취업을 생각하고 알아보던 중 마침 같은 계열의 자회사가 경력직 사원을 뽑는다는 공고를 보았다. 모든 서류를 갖추었지만 마지막 관문인 면접이 문제였다. 그동안 조직의 장으로 명령하고 지시하는 갑의 입장에서만 회사 생활을 해왔는데, 이제는 누군가의 평가를 받고 경쟁해야 되는 을로서의 준비가 필요했던 것이다.

그의 면접 준비는 쉽지 않았다. 딱딱하고 지시적이며 명령적인 말투가 배어 있어, 나는 그에게 여러 번 지적을 해야 했다. 그도 자신이 스피치하는 모습을 영상으로 보고 스스로 놀랐다. 자신의 말 습관에 대해서 비로소 되돌아보게 된 것이다. 종수 씨는 그동안의 딱딱한 말하기 습관을 부드럽게 고치도록 연습하면서 열심히 면접 준비를 했고, 다행히 7:1의 경쟁률을 뚫고 합격했다. 5년간 다시 출근할 곳이 생긴 그는 말했다.

"원장님, 부드럽고 진솔한 말하기가 이렇게 중요한지 몰랐습니다. 덕분에 면접에 합격할 수 있었습니다. 이제 남은 5년은 직원들과도 진심으로 대화하고 좀 더 계획적으로 미래도 준비해야겠어요. 도와주셔서 고맙습니다."

힘차게 제2의 인생을 출발하는 종수 씨의 뒷모습에서 당당함을 느낄 수 있었다.

나에게도 스피치는 제2의 인생이다

장년기는 사회적으로 안정된 시기이기도 하지만 경제적인 불안함도 동시에 안고 산다. 주변 친구들을 보면 해외여행도 1년에 한 번쯤 가고, 종종 스크린 골프도 치며 여유롭게 사는 것처럼 보인다. '남들은 저렇게 할 것 다 하면서 즐기고 사는데.'라는 생각이 드는 순간 자신이 더 초라하게 느껴진다. 나름 필사적으로 일해왔는데 자신이 설 자리는 점점 좁아진다. 지금까지 자신의 인생은 뭐였나 하고 느낄 겨를도 없이 중년이라는 단어가 자신의 이름 앞에 달라붙게 된다.

나 또한 딸 둘을 가르치면서 최선을 다하며 살았다. 아이들이 음악을 전공하다 보니 힘에 겨울 정도로 뒷바라지를 해야 했다. 두 아이가 대학원을 졸업할 무렵 우리 집에는 남은 돈이 거의 없었다. 갖고 있던 자동차마저 팔아야 했을 때의 그 참담함을 떠올리면, 지금 생각해도 눈가가 촉촉해진다. 물론 당시 내가 운영하던 음악학원은 그런대로 잘되고 있었지만, 저출산으로 학생 수가 점점 줄어가는 상황에서 앞날은 불 보듯 뻔했다. 그래서 나이를 먹어도 내가 잘할 수 있는 게 무엇일지 깊이 고민하게 되었고, 대중 앞에서 말하는 것을 즐기는 나를 발견했다. 학창 시절부터 남 앞에 서는 것을 좋아했고, 지역에서 단체장을 맡아 즐겁게 이끌었던 경험을 살리고 싶었다. 이런 나를 돌아보게 된 계기가 스피치였고, 그렇게 나는 나이 50이 되어서 스피치 강사로 출발했다. 퍼스널 브랜딩 스피치는 내 꿈도 키워주었지만 수많은 다른 사람들의 꿈도 함께 키우는 보람 있는 직업으로 나에게 제2의 인생을 열어주었다.

스피치는 꿈이다

꿈이란 실현하고 싶은 이상이나 미래에 펼쳐질 일에 대한 희망이다. 모든 미래는 꿈으로부터 시작된다고 할 수 있다. 그런데 꿈은 막연한 바람으로는 절대 이루어지지 않는다. 뿐만 아니라 요즘같이 장수하는 시대에는 현재의 직업이나 단순히 하고 싶은 꿈을 넘어 제2의 인생까지 설계해야 한다.

퍼스널 브랜딩 스피치 수업을 들으러 오는 사람들은 저마다의 꿈이 있다. 이들은 미래에 또 다른 자기 자신을 찾아 발전시키고 싶은 희망으로 수업을 찾은 것이다.

얼마 전 한 대기업 연구원을 코칭했다. 흔히 말하는 명문대 출신에, 대기업에 다니고 있는 병산 씨는 연구실에서는 새로운 개발에 두각을 나타내는 인재였다. 그런데 그는 열심히 연구한 자료를 PPT로 발표할 때가 되면 완전히 멘붕 상태가 된다고 했다. 눈앞이 캄캄하고 목소리가 떨려서 준비한 자료를 제대로 전달하지 못하는 것이다. 평소에 간단한 보고는 아래 직원을 시키기도 했지만, 중요한 프로젝트 보고는 팀장인 그의 몫이었다. 그는 점점 많아지는 발표를 더 이상 피할 수 없어 스피치 수업을 받으러 왔다.

게다가 그의 꿈은 연구소를 직접 운영해보는 것이었다. 퇴직 후에는 지금까지의 경험을 바탕으로 개인 사업을 하려는 계획도 있었다. 그래서 더욱 스피치가 필요했던 것이다.

나는 먼저 그의 목소리에 자신감이 없는 것을 보완하기 위해 목소리 트레이닝부터 시작했다. 그리고 시선 처리 방법과 자세 교정까지 꼼꼼히 해나갔다. 그렇게 한 단계씩 업그레이드되는 퍼스널 브랜딩 스피치 수업을 받다 보니 그에게도 점점 자신감이 생겼다. 그는 6개월간의 트레이닝을 마치던 날, 자신이 이렇게 변할 줄 몰랐다며 기뻐했다. 그가 언젠가는 연구소 소장의 꿈도 이룰 것이라고 확신한다.

SPEECH

기회는 늘 가까이 있다

40~50대, 위기일까? 기회일까?

40~50대는 중장년층으로 시대의 중심 역할을 맡는 시기이다. 그러다 보니 사회적으로나 개인적으로 책임져야 할 일이 많다. 가정을 이끌며 자녀 양육과 교육은 물론, 부모님도 보살피며 노후도 관심을 갖고 준비해야 한다. 그런데 현실은 결코 녹록지 않다. 한창 일할 나이이지만 현실을 보면 영원한 직장도, 직업도 없다. 하고 싶은 일, 좋아하는 일을 찾으라고들 말하지만 쉽지 않다. 그래서 더욱 준비하고 기회를 만들어야 한다. 아무리 현실이 어렵다 해도 분명히 헤쳐나갈 길은 있기 마련이다.

봉재 씨는 법인사업체를 운영하는 40대 후반의 CEO이다. 대학을 졸업하고 패션 회사에 입사하여 자신의 일을 천직으로 생각하고 열심히 하다 보니 인정받는 직원이 되었다. 그런데 잘나가던 회사가 무역에 차질이 생겨 부도가 나고 문을 닫게 되었다. 모든 걸 다 바쳐 일하던 직장이 하루아침에 사라진 것이다. 그는 답답하고 힘든 현실을 하루하루 견디면서, 그동안 같이 일하던 직원들과 가끔 만나는 등 인연을 꾸준히 이어갔다. 몇 개월이 지난 뒤 예전 회사의 부사장님으로부터 전화가 왔다.

"요즘 어떻게 지내나? 만나서 식사나 하지?"

왠지 그분 목소리에서 활기가 느껴졌다.

'무슨 좋은 일이 있으려나?'

나름 기대를 하고 만났다. 예상대로였다. 창업을 계획하고 있으니 함께 일하면 좋겠다는 제안이었다. 그렇지 않아도 몇 개월간의 실업 기간을 보내며 무슨 일을 해야 하나 고민하던 중이었기에, 망설임 없이 다시 일을 시작하게 되었다.

봉재 씨는 부도 사건 이후로 회사는 언제든 어려움이 닥칠 수 있다는 깨달음을 잊지 않았다. 그래서 그는 근무를 하면서도 틈틈이 영어도 배우고 자신이 오너라면 어떻게 회사를 운영할까 하는 생각도 늘 했다고 한다.

그렇게 5년의 세월이 흘렀다. 그런데 공교롭게도 회사에 다시 한 번 위기가 찾아왔다. 사장님은 회의를 통해 회사의 어려움을 밝히고 회사를 정리하겠다는 의사를 전 직원에게 전했다. 그런데 뜻밖에 봉재 씨에게 따로 놀라운 제안을 했다.

"지금은 회사가 어렵지만 거래처도 있고 가능성이 전혀 없는 것은 아니니, 자네가 맡아볼 생각은 없는가?"

이 말을 듣는 순간 그는 망설임 없이 제안을 수락했다. 평소에 자신이 오너라면 어떻게 할까? 하고 생각했던 그의 바람이 현실이 된 것이다. 그러나 다 쓰러져가는 회사를 일으켜 세우는 데는 엄청난 노력이 필요했다. 그는 부실 거래처를 정리하고, 새로운 거래처를 확보하고자 직접 마케팅도 하면서 회사 일에 매달렸다.

봉재 씨의 노력 덕분인지, 다행히도 회사는 기사회생으로 살아났다. 지금은 OEM 방식으로 베트남에 공장을 운영하면서 국내에서 기획하고 판매하며 어느 정도 자리를 잡았다. 이처럼 똑같이 일을 해도 주어진 일만 하는 직원과 미래를 설계하며 준비하는 직원은 확실히 다른 기회를 만날 수 있다.

이제 봉재 씨는 퍼스널 브랜딩 스피치를 배우면서 또 다른 미래를 꿈꾸고 있다. 스티브 잡스(Steve Jobs)처럼 고객이나 거래처를 상대로 직접 설명도 하고 직원들과도 소통하는 오너가 되고 싶은 것이다. 위기였던 삶에서 기회를 찾은 봉재 씨는 지금도 꾸준히 공부하며 새로운 준비를 하고 있다.

기회는 당신 가까이에도 있다!

어린 시절 소풍을 가면 빼놓지 않고 하는 놀이가 보물찾기이다. 먼저 도착하신 선생님이 등수나 상품 이름이 쓰인 쪽지를 숨겨

둔다. 돌 아래나 나뭇가지, 때론 가벼운 덤불 위에도 쪽지를 감춰 놓는다. 그런데 유난히 보물을 잘 찾는 친구가 있고, 졸업할 때까지 한 번도 못 찾는 친구도 있다.

보물을 유난히 잘 찾는 친구들을 보면 생각이 다르다. 비결을 물으니 주변을 둘러보고 '나라면 어디에 보물을 숨길까' 하고 생각한다고 한다. 그러면 보물을 숨길 만한 자리가 보이고, 그곳에 가보면 영락없이 보물 쪽지가 숨어 있다는 것이다. 반면 보물을 못 찾는 친구들은 남들이 다 들춰본 바위나 엉뚱한 곳을 뒤지다 결국 헛수고로 끝나고 만다. 똑같은 환경과 시간이 주어져도 어떤 사람은 다른 시각으로 보물을 찾고, 어떤 사람은 '나는 그런 건 못 해'라고 주어진 기회를 포기해버리는 것이다.

나는 최근에 모 대학 최고경영자 과정에 입문했다. 최고경영자 과정은 사회생활을 하면서 뜻을 같이하는 사람들이 대학교에 모여 친목도 나누고 사회에서 성공한 유명 인사들의 특강도 들으며 공부하는 과정이다. 그런데 내가 들었던 강의 중 유독 기억에 남는 강연자가 있다. 바로 도미노피자 오광현 회장이다.

오 회장은 대학을 졸업하고 처음에는 은행에 취업했다. 그러나 몇 년 근무하고 그만두었고, 그 후 이런저런 일을 하다 어느 날 아내와 함께 동네에서 피자를 먹게 됐다고 한다. 그날따라 유난히 배가 고팠는지 맛있게 피자를 먹었다. 그날 이후로 그때 먹은 피자 맛을 못 잊어 여러 번 그 가게를 다시 찾았고, 마침내 아내와 상의해 도미노피자 오금점을 오픈했다.

오 회장은 직접 현장에서 일을 하면서 점점 꿈을 키웠다고 한다. 3년 후에는 잠실점도 열었다. 그 당시만 해도 도미노피자는 다른 피자 회사보다 잘 알려지지 않은 브랜드였다. 매장 판매보다는 30분 안에 배달한다는 원칙으로 판매의 획을 그은 회사이다.

그는 매장을 운영하면서 점점 사업에 대한 확신이 생겼고, 언젠가는 한국 도미노피자를 인수해야겠다는 결심을 했다. 그런데 놀랍게도 6개월이 지난 어느 날, 한국 도미노피자를 맡아볼 생각이 있느냐는 전화를 받았다. 뛸 듯이 기뻤지만 넘어야 될 산이 많았다. 한국 지사를 결정하는 것은 미국 본사인데, 대기업과 경쟁을 해야 했던 것이다. 하지만 오 회장은 당당히 맞섰고, 미국 본사에서 한국 지사를 결정하는 자리에서 결정적인 말로 자신의 의지를 당당하게 표현했다.

"타 회사는 여러 가지 품목 중에 한 가지가 피자이지만, 저는 이 피자 한 가지에 제 인생을 걸겠습니다."

오 회장은 자신의 결심을 명확하게 밝혔다. 설득력 있는 그 말이 적중하여, 그는 대기업을 물리치고 드디어 도미노피자 한국 지사를 맡게 되었다. 그 후 오 회장은 정말 모든 인생을 걸었다고 한다. 현재는 전국에 수백 개의 점포를 직영점과 가맹점으로 운영하며 오늘도 많은 직원들과 파이팅을 외친다.

누구에게나 기회는 있다. 다만 그것을 자기 것으로 만드느냐 아니냐의 차이가 있을 뿐이다. 결정적인 순간에 자신의 의사를 당당한 스피치로 표현하고 기회를 잡은 오 회장의 강의를 들으면서,

기회는 늘 가까이에 있다는 것을 느꼈다.

좋은 사람을 만나면 기회는 자연스레 따라온다

당신의 인맥은 어떤가? 누구나 한 번쯤은 자신의 인간관계를 점검해보게 된다. 대부분의 사람들은 직장이나 학교, 친구 모임으로 인간관계가 형성된다. 그러나 점점 나이를 먹을수록 모임이 줄어들게 마련이다.

나 역시 20여 년간 음악학원을 운영하면서 알게 된 학부모나 동네 원장들과의 만남이 전부였다. 그러나 10년 전 학원 연합회장을 맡으면서 인맥 관계가 달라졌다. 학원 연합회는 각 시·군 연합회가 있고 도 연합회, 전국 연합회로 조직되어 있기 때문이다.

그 당시만 해도 연합회장을 맡으면 자기 학원은 망한다는 말이 있었다. 자기 학원을 돌볼 겨를도 없이 그만큼 연합회를 위해 해야 할 일이 많았다. 그런데 나는 오히려 연합회장을 맡고 나서 나의 숨은 잠재력을 발견할 수 있었다. 학원 연합회는 1년에 몇 번씩 연수 기회를 가졌는데, 그때마다 회장으로서 단상에서 말할 기회가 있었던 것이다. 그리고 나는 많은 청중 앞에서도 떨지 않고 당당히 말하는 나 자신의 모습을 비로소 발견하게 되었었다.

특히 연수에서 강의를 들으면서 저게 바로 '내가 하고 싶은 일이었구나'라는 생각에 가슴이 떨렸다. 한번은 지금은 고인이 되신이영권 박사를 강사로 초빙했는데, 그 강의가 어찌나 재미있었는지, 나도 장차 꼭 강사가 되어 강의를 하고 말겠다는 결심을 하게 되었다. 그 후로 정말로 강사가 되기 위해 최선을 다했고, 같이 활동하던 시·군 연합회장님들의 응원으로 마침내 이영권 박사가 하던 경기도 학원 연합회 연수 강의를 맡게 되었다. 모든 기회는 사람을 통해 온다는 사실을 제대로 느꼈다.

패션보다 스피치에 힘을 줘라

언행일치가 되어야 패션도 빛난다

사회생활에서든 모임에서든 사람들을 만나다 보면 외모나 패션에 유난히 신경을 쓰는 멋쟁이들이 있다. 깔끔한 외모는 상대방에게 호감을 줄 뿐 아니라 좋은 이미지로 기억된다. 그래서 때로는 패션이나 외모가 경쟁력이 되기도 한다.

친구 사이에도 외모 때문에 가끔 재미있는 일이 생긴다. 어쩌다 몇십 년 전 초등학교 동창들을 만나면 나이를 구분하기 어렵다. 대화하는 것을 보면 분명 친구가 맞는데, 모르는 사람들이 보면 친구가 맞나 싶을 정도로 외모에 차이가 나 보인다. 많게는 10년, 적게는 위에 형님뻘은 되어보인다. 그래서 '몇 살이냐보다 중요한 건 몇 살로 보이느냐이다.'라는 우스갯소리도 있다.

어느 날 오랜만에 동창회에 갔다. 친구들 중에 제일 멋쟁이로 소문난 친구 재필이도 왔다. 그날 역시 다른 친구들보다 옷을 잘 차려입고 모임에 참석한 그는 단연 돋보였다.

그런데 식사를 하면서 술도 한 잔씩 하던 중에 갑자기 한쪽 테이블에서 큰 소리가 들렸다. 조금 전 좋았던 분위기는 사라지고 갑자기 고성이 오갔다. 이유는 멋쟁이 재필이의 '말' 때문이었다. 그가 한 친구에게 비하하는 말을 했고, 옆에 있던 친구들로부터 건방지다는 소리를 듣게 되면서 유쾌했던 분위기가 사라지고 모두들 불편해진 것이다. 친구들의 중재로 사과는 했지만, 재필이는 아마 한동안 모임에 나오기 어려울 것 같았다.

이 친구를 보니 아무리 외모를 잘 가꾸고 패션이 훌륭해도 그것을 뒷받침해줄 언행이 따라주지 않으니 참 안타깝다는 생각이 들었다. 그래서 외모보다 중요한 것이 말이라는 것을 새삼 느끼게 되었다.

패션은 이미지를, 스피치는 능력을 인정받게 한다

깔끔하고 멋스러운 외모는 일단 시각적으로 상대방에게 호감을 갖게 할 수 있다. 그러나 아무리 멋지게 외모를 꾸몄어도 몇 마디 대화를 하다 보면 의외로 실망하는 경우가 꽤 있고, 그렇게 되면 호감은 그리 오래가지 못한다. 예를 들어, 면접을 보기 위해 멋진 패션으로 차려입은 지원자가 면접관에게 설득력 있는 말을 하지 못한다면 그는 외모와는 상관없이 능력을 인정받지 못하고 면접에서 떨어질 것이 분명하다.

스피치 교육을 받으러 오는 수강생들 중에는 사회적으로 활동이 많거나 리더 역할을 하는 경우가 많다. 그중 한 사람이 패션 디자이너인 태영 씨다. 그는 누구보다 패션에 대한 감각이 뛰어나 수업에 올 때마다 색깔도 디자인도 항상 톡톡 튀는 멋진 옷차림을 하곤 했다. 그런데 겉으로 보기에 그처럼 멋진 그에게도 약점이 있는데 그건 바로 대중공포증이 너무 심한 것이었다.

태영 씨는 학교 성적은 좋았지만 수업시간에 발표를 하거나 리더로 활동한 적이 한 번도 없었다고 한다. 사람들 앞에 서기만 하면 주눅이 들었던 그는, 자신과는 달리 여러 사람 앞에서 말을 잘하는 친구들이 너무 부러웠다.

그런 태영 씨는 직장생활을 하다가 나중에는 직접 회사를 운영하게 되었다. 규모가 점점 커지면서 오너인 자신이 직접 제품을 설명해야 할 때도 있고, 때로는 대기업 임원들 앞에서 브리핑도 해야 했다. 더 이상 물러설 수 없는 상황이 되자 나를 찾아온 것이었다.

처음 수업을 시작하면서 그는 그동안의 어려움을 이야기했다.

"원장님, 제가 브리핑을 하러 들어서면 패션 때문인지는 몰라도 일단 '와' 하는 반응이 느껴져요. '역시 패션 회사 오너답게 멋있네.'라는 소리도 간혹 들립니다. 그런데 그런 분위기와 달리 저는 사람들의 시선이 집중되는 순간 정말 거짓말같이 아무 생각이 안

나요.”

그의 처지가 안타까워 나는 조심스레 물었다.

“그럴 땐 어떻게 하셨나요?”

“일단 준비해 간 원고를 더듬더듬 읽고 겨우 마칩니다.”

“많이 힘들었겠어요.”

“네, 그렇게 브리핑을 하고 나면 너무 창피해서 그 후유증이 며칠씩 갑니다. 정말 어떨 때는 사업을 그만두고 싶은 때도 있어요.”

그래서 그는 여러 사람 앞에 나설 때는 오히려 눈에 띄지 않는 무난한 복장을 입기도 하는데, 그래도 늘 자신감이 없고 말하기는 더욱 어려웠다고 한다.

나는 태영 씨에게 자신감을 키우는 프로그램으로 수업을 진행했다. 먼저 복식호흡으로 심리적인 안정감을 갖게 했고, 큰 소리로 또박또박 책도 읽게 했다. 그리고 자신이 해야 할 말의 핵심 키워드를 잡고, 그것을 토대로 패턴을 만들어 스피치하는 연습도 하도록 했다. 그 밖에도 비언어인 표정 관리, 시선 처리, 목소리 등을 사용하는 방법도 지도했다. 그렇게 수업을 거듭하자 효과가 빠르게 나타났다.

“원장님, 말을 잘 못하는 게 답답하고 창피했지만 공부할 용기가 안 났는데, 막상 시작해보니 스스로 변해가는 자신이 신기하기만 합니다.”

태영 씨는 3개월의 퍼스널 브랜딩 스피치 수업 과정이 끝날 무렵 자신감 있는 목소리로 말했다.

"원장님, 패션이 좋은 첫인상을 준다면 용기 있는 말은 자신감도 키워주고 능력도 인정받게 해주네요. 그동안 정말 고마웠습니다. 앞으로는 외모와 내면을 갖춘 자신감 있는 인생을 살 것 같습니다."

패션과 외모를 뛰어넘는 말의 효과

50대 중반으로 보이는 한 남성이 상담을 받으러 왔다. 처음 보기에는 옷차림이 허름해, 솔직히 스피치를 배울 분 같지는 않아 보였다. 그런데 막상 대화를 나눠보니 사회에 좋은 영향을 미치고자 하는 훌륭한 생각을 지닌 분이라는 걸 금방 알 수 있었다.

그는 지난 30여 년을 군인으로 복무하다 명예퇴직을 했는데, 그동안 건강하게 군 복무를 마치고 사회에 나온 자신의 삶에 감사하며, 앞으로의 남은 인생은 장애인을 위한 봉사활동으로 보낼 계획이라고 말했다. 스피치를 배우려는 것도 오랜 군 생활로 몸에 밴 명령적이고 지시적인 말투를 고쳐서 장애인들을 돕는 봉사활동을 적극적으로 하고 싶어서라는 것이다. 첫 느낌은 옷차림 때문에 초라해 보였지만 누군가를 위해 따뜻한 말과 행동을 실천하고 있는 그분에게서 외모를 뛰어넘는 진솔함이 느껴져 감동을 받았다.

나는 그의 수업을 억양과 어투를 고치는 방법으로 진행했다. 같은 말을 해도 억양이 딱딱하거나 어투가 부드럽지 못하면 상대방이 오해할 수 있기 때문이다. 목소리 톤을 조절하니 말이 훨씬 부드러워졌고, 표정 관리도 빼놓지 않고 신경 쓰면서 연습하도록 했다.

워낙 긍정적인 마인드를 지닌 분이어서 수업의 효과도 빨랐다. 단기간의 교육으로 자신의 단점을 극복하고 퍼스널 브랜딩 스피치의 핵심인 자신의 가치를 다른 사람들과 나누는 일을 즐겁게 할 수 있는 사례였다.

SPEECH

내 꿈은 아직 살아 있나?

경험을 살리면 꿈이 된다

"당신은 꿈이 뭔가요?"라는 질문을 받는다면 어떤 대답을 할 수 있을까? 대부분의 사람들이 "글쎄요?"라고 하지 않을까. 아마도 명확한 말로 대답할 사람은 많지 않을 것이다. 나 역시 내 꿈이 무엇인지 정확히 몰랐다. 그냥 하루하루 주어진 일을 열심히 하고 살면 되는 거 아닌가 하고 막연히 생각했다. 그런데 스피치 강의를 하면서 꿈의 필요성과 중요성을 알게 되었다. 적어도 스피치 공부를 하러 오는 사람들은 꿈이 있고, 그 꿈은 자신은 물론 주변 사람들에게까지 좋은 에너지를 주는 원동력이 된다는 것을 알았다. 그리고 나를 돌아보니, 나 역시 꿈이 있었기에 스피치 공부를 하게 되었고, 다른 이를 가르치게까지 된 것이었다.

나는 음악을 전공하고 20여 년간 아이들을 지도했다. 그런데 늘 마음 한쪽에는 제2의 인생은 무엇으로 살아야 하나, 하는 물음이 있었다. 또 다른 인생을 꿈꾸면서 돌이켜보니 나는 어린 시절부터 남 앞에 서는 게 두렵지 않았다는 것을 깨달았다. 교회에서나 학교에서 학생회장도 해보았고 응원단장도 해보았는데, 그럴 때마다 그 자리를 즐겼다. 아이들을 키울 때는 어머니 회장을 맡아 수천 명의 학부모 앞에서도 떨지 않고 이야기했고, 10년 전 구리시 학원 연합회장을 맡으면서 비로소 가슴 뛰는 일을 발견하게 된 것이다.

그 당시 학원 연합회는 여러 차례 연수 교육을 진행하면서 훌륭한 강사 분들을 모셔다 강의를 들었는데, 그중 한 분의 강의가 '멋지게, 행복하게 살자.'라는 내용이었다. 멋지게, 행복하게 사는 것은 꿈이 있는 것이고, 그 꿈은 스스로를 가슴 뛰게 하는 그 무엇을 만날 때 이루어진다는 것이었다. 그때 들었던 그분의 강의는 내 평생 잊지 못할 순간이 되었고, 나도 나의 가슴을 뛰게 하는 것이 무엇인가 생각해보게 되었다. 그리고 나 또한 여러 사람 앞에서 동기를 부여해주는 강의를 하고 싶다는 꿈이 생기게 되었다.

그 후 2년을 거의 빼놓지 않고 도서관에 가서 책을 읽고, 강의안도 만들어보았다. 야간에 스피치 학원에서 강의를 할 수 있는 기회도 생겼다. 그 후 다양한 분야에 출장 강의를 하게 되었고, 마침내 개인 코칭과 강사를 꿈꾸는 사람들을 키워내는 스피치 학원 원장이 되었다.

앞으로 나의 꿈은 점점 고령화되어가는 시대에 보석처럼 소중한 경험을 갖고 살아온 사람들에게, 퍼스널 브랜딩 스피치를 통해 자신의 가치를 찾고 능력을 발휘할 수 있도록 돕는 역할을 하는 것이다.

당신의 꿈은 몇 개인가요?

《멈추지 마, 다시 꿈부터 써봐》의 저자인 김수영 씨는 전라도 시골 마을에서 태어났다. 어린 시절 집이 너무 가난해 마을 공동회관에서 살았고, 그런 환경이 싫어 가출도 자주 하는 문제 많은 아이였다. 학교에서는 일찌감치 자퇴 처리가 되었고 자신도 쓸모없는 존재라고 스스로를 포기했다. 그런데 어느 날 우연히 신문에 중동 팔레스타인 지역의 전쟁 기사가 실린 것을 보고 충격을 받았다. 총성이 오가며 언제 죽을지 모르는 상황에서 살고 있는 사람들도 있는데, 나는 이렇게 안일하게 살고 있구나 하는 생각과 함께 위험한 곳의 상황을 알리는 기자가 되어야겠다는 생각을 하게 된 것이다.

일단 꿈이 생기니 다시 공부를 해야겠다는 결심을 했고, 검정고시를 거쳐 1년 늦게 여수상고에 입학했다. 문제집을 살 돈이 없어 남이 풀다 버린 문제집을 주워 푸는 등 열심히 노력한 결과 전교 1등을 했고, 우리나라 최초로 상고에서 골든벨을 울리는 주인공도 되었다.

그 후 그녀는 연세대학교 영문과에 입학해 교내 기자가 되었고,

이후 골드만삭스 한국 지사에 입사했다. 또 거기서 멈추지 않고 영국으로 건너가 유명한 로열더치셸 그룹에 입사했다. 그녀는 이런 과정에서 늘 자신의 꿈을 적는 습관을 가졌다고 한다. 한동안 유행했던 버킷리스트 붐을 일으킨 사람도 바로 김수영 씨다. 이후 그녀는 영국에서 잘나가는 로열더치셸 그룹을 그만두고 전 세계를 돌며 사람들의 꿈을 묻기 시작했다. 그러면서 그녀는 많은 사람들이 꿈은 있지만 그 꿈을 이루지 못하고 생각만으로 끝낸다는 것을 안타까워했다. 그리고 자신의 경험을 모아 '쫄지 마, 질러봐, 될 거야.'라는 제목으로 강연하면서 많은 사람들의 꿈을 응원했다.

그녀는 만나는 사람들에게 묻는다. 당신의 꿈은 몇 개인가요? 사람들이 꿈은 어떻게 찾아야 될지 다시 물으면, 그녀는 "꿈을 찾으려면 진짜 하고 싶은 것을 적어보면 됩니다. 그것이 버킷리스트가 되고 꿈도 되죠."라고 말한다.

나는 이 강연을 듣고 김수영 씨가 퍼스널 브랜딩 스피치의 모델이라는 생각을 하게 되었다. 자신이 경험하고 도전했던 일을 이야기하여 누군가에게 좋은 영향력을 준다면 이보다 더 멋진 스피치가 있겠는가.

꿈이 있는 사람과 꿈이 없는 사람은 눈빛부터가 다르다. 꿈을 갖기 위해서는 진짜 자신이 관심을 갖고 잘할 수 있는 게 무엇인지 알아내는 게 우선이다. 그래야 계획도 세울 수 있고 행동으로 옮겨 꿈도 만들 수 있으니 말이다.

요즘에는 직업을 두세 개씩 갖고 있는 사람들도 많다. 수강생 중에 7년째 식당을 운영하고 있는 영자 씨가 있다. 지인의 소개로 네트워크 사업을 알게 된 그녀는 식당 운영도 만만치 않지만 틈틈이 짬을 내 영업활동도 열심히 했다. 그러면서 꿈이 생겼다. 본인이 소속한 회사에 본부장이 되어야겠다는 것이었다. 그렇게 2년을 식당 일과 영업을 꾸준히 병행히던 그녀는 드디어 식낭을 접고 영업에 몰두하게 되었다. 그리고 자신의 말하기가 부족함을 알고 스스로를 리모델링하기 위해 퍼스널 브랜딩 스피치 교육을 받으러 온 것이다.

나는 영자 씨에게 책 읽기와 말끝을 분명히 하는 훈련을 시켰다. 그리고 웅얼웅얼하는 발음을 명확하게 할 수 있도록 지도했다. 그 결과 점점 말하기에 자신감이 생겼고, 지금은 팀원들을 교육하는 데 재미를 느낀다고 한다. 그녀는 말한다.

"원장님, 직업을 바꾸려고 할 때 많은 망설임과 두려움이 있었지만 퍼스널 브랜딩 스피치 교육을 받으면서 무엇보다 중요한 나를 돌아보는 계기가 된 게 큰 힘이 되었어요. 감사합니다."

스피치 공부를 하러 오는 사람들은 꿈이 다양하다. 말하기에 자신감을 키워 영업 실적도 올리고, 회사에서 업무 발표를 잘해 승진 기회도 놓치지 않고 싶어 한다. 리더로서 아랫사람들에게 소신 있게 말해 조직의 위상을 올리고, 때로는 소속된 단체의 분위기를 부드럽게 하려는 목적도 있다. 이런 꿈을 위해 퍼스널 브랜딩 스피치는 빼놓을 수 없는 중요한 요소이다.

나를 돌아보는 가장 강력한 도구, '말'

자신과의 소통이 먼저다

사람마다 지니고 있는 본성은 다르다. 그리고 자신을 제대로 알고 있는 사람도 그다지 많지 않다. 자신을 알고자 할 때 '말'은 가장 중요한 도구 중에 하나이다. 막연하게 '나는 누구일까?'를 생각하는 것이 아니라 구체적인 말로 자신을 표현해보는 것이 필요하다. 한 발 더 나아가 자신이 평소에 느낀 감정이나 근본적인 판단능력까지도 표현해보는 것이 좋다. 그래서 가끔은 자신이 어떤 성향의 사람이고 어떤 것에 대해 반응하는지 돌아볼 필요가 있다.

다음은 어느 대학에서 윤태익 교수가 했던 강의의 내용인데, 사람의 성향을 파악하는 내용이 흥미로워 옮겨본다. 그에 따르면 사람은 평소 어떤 생각으로 움직이는지에 따라 3가지 유형으로 나눌 수 있다고 한다. 즉 지식을 기준으로 꼼꼼하게 판단하는 '머리형'이 있고, 사람들과 더불어서 함께하는 걸 좋아하는 '가슴형'이 있다. 그리고 일단 행동으로 보여주는 '장형'이 있다고 한다.

'머리형' 사람은 논리와 타당성을 따르기 좋아하고 이성적이며 계획적이다. 이들은 안정에 대한 욕구가 크며 상황이나 정보에 관심이 많고 미래지향적이다.

'가슴형' 사람은 주변 사람들의 영향을 많이 받는다. 주로 감성파이고 타인과의 관계를 중요하게 생각한다. 둥글둥글하고 부드러운 성향으로 과거를 중요시한다.

'장형' 사람은 주로 통제에 대한 욕구가 크고 원칙과 주관을 중요시한다. 성격은 행동파이거나 기분파인 경우가 많다. 힘의 논리에 관심이 있고 현재를 중요시한다.

이처럼 사람은 각자 다른 성향을 갖고 있는데, 자신이 어떤 스타일인지를 파악하면 자신을 알아가는 데에도 도움이 되고 상대방을 이해하는 데도 영향을 받는다는 이야기였다.

스스로를 알고 제대로 돌아보는 것은 스피치뿐만 아니라 모든 삶에서 근본이 될 수 있다.

깨달음이 없이는 어른이 될 수 없다

TV 프로그램 중에 〈어쩌다 어른〉이라는 프로그램이 있다. 사회의 각 분야에서 활동 중인 사람들이 나와서 강의를 하는 프로그램인데, 강연자 중에 '공부의 신' 강성태 씨가 이런 말을 했다.

"당신의 실수는 반드시 반복된다."

"방금 책 본 사람은 이길 수 없다."

"오늘의 오답은 내일의 정답이다."

강의 내용은 공부에 대한 이야기였지만 나에게는 이 키워드가 스피치와 관련하여 새롭게 해석됐다.

먼저, "당신의 실수는 반드시 반복된다."

다시는 실수하지 않아야지 하면서도 자신도 모르게 반복하는 것이 많은 사람의 습성이다. 그래서 실수를 줄이는 방법으로 말을 해보는 것이 필요하다. 마음속에 있는 생각은 금방 사라지지만 말로 소리 내서 표현해보면 기억으로 오래 남는다. 특히, 가까운 지인들에게 자신의 실수를 말하고 다시는 하지 않겠다고 스스로 굳게 결심을 하면 새로운 다짐을 할 수 있다.

주변에 흡연을 하는 사람들을 보면 늘 '담배를 끊어야지.' 하고 생각은 하지만 끊지 못하는 경우가 많다. 그런데 다른 사람 앞에서 말을 해놓으면 실제로 끊을 확률이 더 높아진다고 한다.

정민 씨는 20대부터 흡연을 시작해 40대 중반이 된 현재까지 25년간 담배를 피웠다고 한다. 어느 날 그는 수업에서 "제 올해 계획은 금연입니다."라고 발표했다. 그리고 그 후 정말로 담배를 끊었고, 1년이 지난 지금까지 단 한 번도 피우지 않았다. 그는 "자신도 모르게 반복하는 실수는 말로 주변에 알리면 반복하지 않을 확률이 높아진다."는 말에서 큰 힘을 얻었다고 한다.

다음으로 "방금 책 본 사람은 이길 수 없다."

이 또한 깨달음을 주는 말이었다. 이 말에서 나는 책을 늘 가까이 두고 보는 습관이 얼마나 중요하고 삶에 큰 도움이 되는지를 새삼 실감할 수 있었다. 생각을 바꾸고 말을 잘하기 위해서는 책 읽기가 특히 필요한데, 꾸준히 책을 보는 사람은 책 속에서 깨달음을 얻는다. 책 읽기는 스피치 수업을 위해서도 중요하고, 지식을 채워줄 뿐만 아니라 자신을 알아가는 데에도 큰 도움이 된다. 책을 읽고 이해한 내용이 말과 글로 요약된다면 스피치하는 데 유용한 밑거름이 된다. 어른이 될수록 자신의 경험에만 의존하기보다 늘 책을 가까이 하면 그 속에서 자신을 깨닫고 배우는 자세를 가질 수 있다.

마지막으로 "오늘의 오답이 내일의 정답이다."

이 말은 새로운 지식을 쌓고 실천하고 행동하라는 말이다. 수학 문제 하나도 자기 손으로 직접 풀어봐야 답이 나올 수 있는데, 우리의 삶은 어떠한가? 행동하지 않으면 아무런 변화도 일어나지 않는다. 오답 많은 우리의 인생이지만, 잘못을 인정하고 오답을 깨달아가는 말하기를 해보자. 이때 가장 중요한 것은 자신과 대화를 하는 것이다. 자신의 생각과 행동이 말로 잘 정리된다면 좀 더 명확한 자신을 보게 될 것이다.

나 자신을 위로하는 시간을 갖자

하루가 다르게 변해가는 세상을 따라가다 보면 어느새 다른 사람을 의식하느라 정작 자신을 돌보는 시간이 부족하고 소홀해진다. 자기 자신을 돌아보는 것은 스스로를 소중히 생각하는 마음이 있을 때 가능하다. 한편 살면서 크고 작은 실패를 거듭하고, 상처받고 용기를 잃을 때도 있는 것이 우리의 삶이다. 이때 우리 삶을 위로하고 감싸주는 위로의 말은 세상을 향해 나아가는 디딤돌이 된다. 내가 가끔 위로받고 싶을 때 읽는 시 한 편이 있다. 함께 나누고 싶어 소개해본다.

나를 위로하는 날

가끔은 아주 가끔은 / 내가 나를 위로할 필요가 있네

큰일 아닌데도 / 세상이 끝난 것 같은 / 죽음을 맛볼 때

남에겐 채 드러내지 않은 / 나의 허물과 약점들이 / 나를 잠 못 들게 하고

누구에게도 얼굴을 / 보이고 싶지 않은 부끄러움에 / 문 닫고 숨고 싶을 때

괜찮아, 괜찮아 / 힘을 내라구 / 이제부터 잘하면 되잖아

조금은 계면쩍지만 / 내가 나를 위로하며 / 조용히 / 거울 앞에 설 때가 있네

내가 나에게 조금 더 / 따뜻하고 너그러워지는 / 동그란 마음 / 활짝

웃어주는 마음

남에게 주기 전에 / 내가 나에게 먼저 주는 / 위로의 선물이라네.

– 이해인, 〈나를 위로하는 날〉, 《이해인 시전집 2》, 문학사상, 2013, 158쪽.

사람은 누구나 자신을 돌아볼 시간이 필요하다. 이해인 수녀의 시처럼 "괜찮아, 괜찮아 힘을 내라구 이제부터 잘하면 되잖아."라고 자신을 보듬어주는 말이 오늘도 지친 자신을 이끌어주는 원동력이 된다.

SPEECH

말로 표현하지 못하면 아는 것이 아니다

메타인지가 되어야 아는 것이다

'인지(recogntion)'는 안다고 생각하는 것이고 '메타인지(metacogniton)'는 아는 것을 말로 설명할 수 있는 것이다. 좀 더 정확히 설명하자면 메타인지란 자신의 인지 과정에 대하여 한 차원 높은 시각에서 관찰, 발견, 통제하는 정신작용이라 할 수 있다.

우리는 살면서 사물의 다양한 현상을 보거나 많은 경험을 하면서 안다고 생각하는데 이것을 바로 '인지'라고 할 수 있다. 그러나 이렇게 안다고 느꼈던 것들을 말로 표현해보면 설명이 안 되는 경우가 의외로 많다. 이처럼 '분명히 아는 건데, 어떻게 말을 해야 하지?'라는 생각을 하게 된다면 이런 경우는 메타인지가 되지 않은 상태이다.

퍼스널 브랜딩 스피치 수업에서는 매월 마지막 주 수요일을 '문화의 날'로 삼고 단체로 영화를 관람한다. 영화를 보면서 친목도 나누고 문화적인 공감도 느껴보는데, 가장 큰 목적은 토론 시간을 갖는 것이다. 같은 영화를 보고 각자 다른 느낌을 말하는 '영토스피치'를 한다. '영토스피치'는 영화를 보고 생각을 서로 나누면서 자기 의견도 말하고 상대 생각도 들으면서 놓친 부분을 깨달아가는 수업이다.

1,000만 관객을 돌파한 영화가 있다면 주변에서 "그 영화 봤어?"라고 묻는 경우가 있다. 그럴 때 영화를 본 사람은 "어, 봤어. 정말 재미있었어."라고 답한다. 그런데 "그래? 어떻게 재미있었는데?" 하고 물으면 "그냥 재미있어. 그 주인공 정말 연기 잘하더라." 라며 정작 무엇이 어떻게 재미있었는지는 설명을 못 하는 경우가 많다. 이처럼 알 것 같은데 설명이 안 되는 경우는 인지는 되었지만 메타인지가 되지 않은 것이다.

아무리 의미 있고 재미있는 것도 말로 설명하지 못한다면 안다고 할 수 없다. 그러므로 메타인지가 되게 하려면 짧게라도 자기 생각을 설명할 수 있어야 한다.

말 교육을 중요하게 생각하는 유대 민족의 저력

유대인의 인구는 약 850만 명으로, 우리나라 서울의 인구보다

적다. 면적은 대한민국 면적의 5분의 1인 220만 헥타르라고 한다. 그런데 이런 작은 나라에서 노벨상 수상자의 22퍼센트를 배출했다. 그리고 세계의 강대국인 미국의 금융, 경제, 법률 등 중요한 분야에서 많은 부분을 차지하고 있다고 한다. 이렇게 작은 나라에서 어떻게 그처럼 다양한 분야에서 성공한 사람들을 배출할 수 있었을까?

학자들에 따르면 그들은 국민 교과서와 같은 《탈무드》라는 경전에 나온 내용을 실천하고 교훈으로 삼는다고 한다. 특히 《탈무드》에는 '하브루타(havruta)'라는 말하기 방법이 있는데 핵심 내용은 어떤 상황이라도 말로 설명하지 못하면 아는 것이 아니라는 것이다. 그래서 그들은 어릴 때부터 말하기와 토론 교육을 중요시한다. 자연스럽게 대화하고 토론하는 문화가 자리 잡혀 있다 보니 설명하는 데도 능숙해졌고, 그것이 교육으로까지 연결된 것이다. 이런 말하기 교육은 그들을 세계에서 가장 똑똑하고 저력 있는 나라로 만들었다.

나 역시 뒤늦게 중국어를 공부하면서 설명하는 하브루타 공부법을 활용해 효과를 본 적이 있었다. 암기식 교육이 아닌 이해를 통해 설명하는 것은 아는 것과 모르는 것을 정확하게 구분하는 것으로 시작된다. 그래서 공자도 '아는 것을 안다고 하고 모르는 것을 모른다고 하는 것이 진짜 아는 것이다.'라고 했나 보다. 설명하지 못하면 모르는 것이다.

설명과 이해는 한 쌍이다

설명할 수 있어야 제대로 아는 것이라고 했는데, 이때 빼놓을 수 없는 것이 이해하는 것이다. 설명과 이해는 한 쌍이다. 이해가 안 되면 당연히 설명도 횡설수설하게 된다.

가끔 어려운 책을 만나면 이해가 안 될 때가 있다. 도대체 무슨 말을 하려는 건지 작가의 의도를 아무리 생각해도 모를 때가 있다. 주변에서 보면 같은 상황에서도 어려운 것을 쉽게 설명하는 사람이 있는가 하면 쉬운 것도 어려운 단어나 한자, 영어를 굳이 섞어 어렵게 말하는 사람도 있다. 그러나 말을 잘하는 사람은 상대방이 알 수 있도록 그림을 그리듯 자세하고 소상하게 설명한다.

퍼스널 브랜딩 스피치 수업에서는 설명하는 법을 강조하고 연습한다. 간단한 단어부터 한 줄 문장이나 좋은 글귀도 자기만의 표현 방법이나 즐겨 쓰는 말로 설명해보는 것이다. 작가가 써놓은 문장을 자신이 평소에 쓰는 단어나 문맥을 표현하면서 설명하게 한다. 그러다 보면 안다고 생각하는 것을 말로 못하는 경우가 많다. 그래서 이해했는지 정확한 표현을 하는 방법으로 책을 읽고 설명하게 연습한다. 가끔 이해는 했는데 말을 못하겠다고 하는 사람이 있는데, 그것은 아직 이해가 덜 됐다는 말이다. 특히 장년 세대는 그동안의 경험을 통해 자신이 아는 것이 많다고 생각하기 쉽다. 그래서 어떤 일이나 상황을 이해한 것으로 착각하는데, 이때 설명을 해보게 하면 자신의 상태를 제대로 알 수 있다.

나는 최근에 헤르만 헤세(Hermam Hesse)가 쓴 《유리알 유희》라는 책을 읽었다. 노벨상까지 탄 유명한 책이지만, 내게는 정말 어려웠고 이해가 안 되는 부분도 많았다. 그냥 눈으로 쭉 읽어가는 방법으로 끝까지 보기는 했지만 다른 사람에게 내용을 설명하기는 어려웠다. 이 역시 이해가 바탕이 되지 않았기 때문에 나타난 결과이다.

SPEECH

행동이 따르는 말이 진짜 말이다

언행일치가 주는 신뢰감

스피치 교육에서는 그동안 행동했던 경험을 발표하기도 하고, 때로는 앞으로 해야 할 일을 발표하기도 한다. 특히 새해가 되면 앞으로의 계획을 발표하는데, 지난해에 꾸준히 해왔던 계획들이 쭉 이어지는 경우도 있다.

나의 경우는 3년째 성경 베껴 쓰기를 하고 있으며, 끝까지 다 쓰고 나면 자녀에게 선물로 줄 계획이다. 처음에는 과연 내가 끝까지 성경 필사를 할 수 있을까? 하는 의문도 들었지만 5년을 목표로 꾸준히 쓰고 있다. 내 평생에 성경 필사를 끝까지 해보는 것이 목표라는 말을 가족들에게 했더니 다들 응원해주었다. 요즘은 이를 실천하는 것도 작은 즐거움이 되고 있다.

평소에 꿈이나 하고 싶은 일이 생기면 적어보거나 말로 주변 사람들에게 알리면 좀 더 행동으로 옮기는 동기 부여가 될 수 있다. 하지만 말만 앞세우고 행동하지 못하면 신뢰감이 떨어지고 좋은 습관도 만들지 못한다. 퍼스널 브랜딩 스피치의 가장 중요한 키워드가 '말도 잘하자.'인 것은 언행일치의 중요성을 강조한 것이다.

주변에 보면 뱉은 말이 행동과 달라서 실망을 주는 경우가 있다. 하지만 우리의 역사를 보면 언행일치로 오랜 시간이 흘러도 귀감이 되는 인물도 많다. 그중 가장 대표적인 인물이 고려 말의 충신이었던 정몽주(1337~1392)이다.

당대 최고의 학자이기도 했던 그는 경북 영천에서 태어나 여러 관직을 거쳤으며 성균관 박사로 유교 경전을 강의하기도 했다. 그의 스승 이색은 "학문이 뛰어나고 부지런하며 어떤 말이든 이치에 맞지 않는 것이 없다."라고 그를 칭찬했다. 인품과 학식을 고루 갖추고 언행이 일치했던 그는 개혁을 꿈꾸는 이성계와도 뜻을 같이 했으나 마지막에는 다른 길을 가게 된다. 결국 이성계의 아들 이방원에 의해 죽임을 당하지만 정몽주는 자신의 충절과 소신을 말과 행동으로 보여준 인물이라고 할 수 있다. 수백 년의 세월이 지났지만 지금까지 말과 행동이 일치되는 인물로 기억된다. 이처럼 언행이 일치하면 사람들은 무한한 신뢰감을 느끼게 된다.

지금 당장 시작하라

어떤 일을 결정할 때는 신중하게 생각하는 것이 중요하다. 하지만 생각을 너무 오래 하다 보면 정작 행동으로 옮기지 못하고 시간만 보내는 경우도 많다. 그래서 '시작이 반이다.'라는 말은 망설이지 말고 당장 시작하라는 뜻이다.

상담을 하다 보면 후회하는 사람들을 자주 만난다.

"원장님, 제가 3년 전부터 스피치를 잘하고 싶다는 생각을 했어요. 그런데 차일피일 미루다 이제 왔네요."

어디 이뿐인가. 예를 들면 '이번에 다이어트를 꼭 해서 건강도 챙기고 멋진 몸을 만들어야지.', '올해는 금연을 꼭 할 거야.', '한 달에 한 권 책 읽기를 실천해야지.' 등 다짐을 하지만 정작 행동으로 옮기지 못하고 흐지부지되는 경우가 많다. 제아무리 결심하고 말해도 행동이 따르지 않는다면 아무런 소용이 없다.

한번은 동영상 강의를 보다 눈에 띄는 제목이 있었다. '선택이 길을 만든다.'라는 강연이었는데 모든 계획은 선택하고 실천해야만 꿈도 현실이 된다는 내용이었다.

파일럿의 꿈을 이룬 이동진 씨는 자신이 하고 싶은 일이 생기면 생각만 하지 말고 일단 행동하라고 말한다. 맞는 말이다. 생각만으로는 어떤 결과도 만들어낼 수 없기 때문이다.

퍼스널 브랜딩 스피치 교육을 받으러 오는 사람들은 직업, 나이, 학력 등이 다양하다. 그래서 서로 취미가 맞는 사람들끼리 동호회를 만들어 활동하기도 한다. 운동을 좋아하거나, 악기를 잘 다

루거나, 책 읽기를 좋아하거나 등 다들 각자 취미를 갖고 있는데, 한번은 등산 이야기가 나왔다. 나는 행동부터 하는 성격이다 보니, 그 자리에서 우리나라의 유명한 산들인 설악산, 한라산, 지리산 등 반을 제안했고, 몇 사람의 의견이 모아졌다.

1,700미터가 넘는 높은 산을 오르려면 훈련이 필요했다. 우리는 먼저 주변에 있는 산을 등산하면서 기초체력을 키웠고, 그 후 설악산 대청봉에 올랐다. 열심히 훈련한 덕분에 12시간의 산행도 거뜬히 할 수 있었다. 그다음에는 지리산 천왕봉과 한라산 백록담까지 완등하며 재미있는 추억을 만들었다. 작년에는 마라톤 동호회가 만들어져 생전 처음 마라톤에도 도전했다. 봄과 가을, 두 차례에 걸쳐 10킬로미터 대회에 참가했었는데, 이 또한 기억에 남는다.

내 수업의 수강생 중에는 음악을 전공했거나 취미로 악기를 다루는 사람들도 꽤 있다. 그래서 서로 할 줄 아는 악기를 연습해서 작은 음악회를 열기도 한다. 키보드, 기타, 플루트, 보컬이 모여 연주회를 열었는데 모두들 즐거워하며 행복한 시간을 만들었다.

이처럼 어떤 일이든 행동이 뒤따라야 진짜 자기 것이 된다. 퍼스널 브랜딩 스피치도 마찬가지이다. 말을 잘하고 싶으면 준비와 함께 무대 경험을 많이 해야 떨림도 줄어들고 실력도 늘어, 자신이 하고 싶은 말을 자연스럽게 하게 된다.

확신에 찬 것처럼 행동하라

같은 일을 해도 '된다.'는 확신을 가진 사람과 '과연 될까?'라는 생각을 가진 사람은 행동부터 다르다. 새로운 일에 도전할 때 처음에는 누구나 조심스럽기 마련이다. 그러나 행동으로 옮겨 한 걸음씩 나아가다 보면 길이 보이고 확신이 생긴다. 이때 꼭 필요한 것이 명확한 목표를 세우는 것이다. 그리고 목표가 세워지면 마음에 확신을 갖고 행동으로 옮긴다. 이처럼 당장 실천할 수 있는 것부터 세분화하면 행동하기가 쉬워진다.

예를 들면 스피치를 당당하고 조리 있게 잘하고 싶다는 목표가 생기면 무엇부터 해야 할까? 생각을 정리하는 훈련이 먼저이다. 할 말의 주제를 정하고 주술 구조와 문맥을 정리해본다. 자신이 말할 대상이 누구인지 파악하고, 연습은 어떻게 하고 결론은 어떻게 내릴지 확실한 계획을 세우면 당당하게 말할 수 있을 것이다. 다음으로는 주변에서 경험하고 느꼈던 에피소드를 찾는다. 에피소드가 많을수록 이야깃거리가 풍부해지면서 말하기에도 자신감이 생기고 확신도 든다.

친구 중에 워낙 몸이 약해 병원을 자주 다니는 친구가 있다. 어쩌다 모임에서 만나면 안색도 안 좋고 늘 피곤해했다. 그래서 그 친구는 조금씩이라도 운동을 해야겠다고 마음먹고 자전거 타기를 시작했다. 그리고 조금씩 몸이 건강해지자 자전거를 타고 전국 투어를 하고 싶다고 말했다. 처음에는 주변에서 너무 무리하는 게 아니냐며 말렸지만, 남편도 곧 자전거 동호회에 가입하였고 그 후로 정말 전국 투어를 해냈다.

친구는 자전거를 처음 탔을 때 자신이 건강해질 거라는 확신이 들었다고 말했다. 또 운동을 해야겠다는 생각으로 그치지 않고 그것을 실천해서 건강을 되찾은 것에 대해 너무 감사하다고 했다.

2장

왜 나는 말하기 두려울까

나의 스피치 점수는 몇 점일까?

왜 대중 앞에서 말하기가 두려울까?

대중 앞에서 말하기가 두려운 이유를 3가지만 살펴보자.

첫 번째는 심리적인 불안감이다. 특히 성격이 소심하거나 완벽주의자, 혹은 예민한 사람들은 말을 하기도 전에 '안 되면 어쩌지.', '못할 것 같은데.' 같은 부정적인 생각을 미리 하게 된다. 그래서 다른 사람들에 비해 말하기를 더 두려워한다. 이때는 '할 수 있다.'는 자신감을 갖고, 심호흡을 크게 하며 마음에 여유를 가져야 한다.

두 번째는 상황적인 두려움이다. 청중 가운데 지위가 높은 분이 있거나 자신보다 뛰어나다고 생각하는 스피커가 앞뒤에 있으면 비교하게 되고, 자신을 낮추게 되어서 더 긴장할 수 있다. 그럴 때는 자신은 이미 말할 준비가 충분히 되어 있고 청중은 자신의 이야기를 기다리고 있다는 것을 생각하고 염려보다는 어떻게 하면 잘 전달할 수 있을까만을 생각해야 한다.

세 번째는 경험적인 불안감이다. 과거에 대중 앞에서 발표하다 실수했거나 강의 내용이 만족스럽지 못했던 것이 떠오르면 스피치가 불안해지고 두려움이 생긴다. 그때는 그런 실수와 경험이 모여 오늘의 발전한 자신이 되었다고 생각하라. 경험은 소중하고 가장 좋은 스승이다. 실수를 인정하되 그것이 자신을 지배하게 하지 말자.

그 밖에도 스피치에 공포를 느끼는 경우는 준비와 연습이 덜 됐거나, 강의 장소에 예상치 못한 상황이 발생한 경우 등이다. 그럴 때 사람들은 누구나 당황하게 마련이다. 하지만 그럴 때일수록 심리적인 안정감을 찾고 대처하는 것이 중요하다.

나도 처음 강의를 시작했을 때 떨렸던 생각을 하면 지금도 긴장이 된다. 첫 강의는 7년 전 양평 학원 연합회 연수에서였다. 100여 명쯤 되는 학원장들이 내 이야기를 들으려고 집중하고 있는 모습을 보니 갑자기 무엇부터 말해야 할지 정말 눈앞이 캄캄해졌다. 강의는 처음 5분이 매우 중요한데, '이 골든 타임을 어떻게 하지?'라는 생각에 심호흡을 하며 달달 외웠던 인사 멘트로 겨우 시작했다. 다행히 PPT 자료 화면을 보면서 마음의 안정을 찾을 수 있었지만, 수십 번 연습했는데도 막상 무대에 오르니 내 뜻대로 말이 나오지 않아 매우 불안했다. 내게 주어진 한 시간이 끝날 무렵 나는 솔직하게 말했다.

"원장님들, 사실은 제가 대중 강의를 처음 한 날입니다. 나름대로 열심히 준비를 했는데 정말 많이 떨렸습니다. 끝까지 들어주셔서 감사합니다."

이런 나의 솔직한 고백에 관중석에서는 박수가 터져 나왔고 "처음치곤 잘했다."라는 격려의 말도 들려왔다. 3년 뒤에 다시 그곳으로 강의를 갈 기회가 있었는데, 그때는 여유 있게 유머도 섞고, 강의 중에 반응이 좋은 분께는 선물도 나눠줄 정도로 편안하게 할 수 있었다. 하지만 지금도 처음의 그때를 생각하면 가슴이 떨린다.

무엇이든 처음부터 잘하는 사람은 없다. 특히 스피치는 충분한 준비와 경험만이 두려움을 극복하는 지름길이다. 그것을 갖추면 더 이상 대중 스피치가 어렵지 않다.

나를 알면 스피치 공포에서 자유로울 수 있다

당신은 말을 잘하는 걸까? 아니면 잘한다고 착각하는 걸까?

"당신의 말 실력은 어떤가요?"라는 질문을 하면 대부분 "글쎄요?"라거나 "잘할 때도 있고 못할 때도 있지 않나요."라는 반응이 돌아온다. 이 말은 곧 자신을 모른다는 의미이기도 하다.

평범한 의사소통이야 그렇다 치더라도 여러 사람 앞에 나서서 하는 말하기는 누구나 두려워한다. 우리나라 사람뿐만 아니라 전 세계의 모든 사람에게 해당된다. 사람들이 어떤 경우에 가장 공포를 느끼는지 조사했더니 '대중 앞에서 말할 때'가 가장 두렵다는 대답이 1위를 차지했다. 그 밖에 우리는 고소공포증을 느끼거나 금전 문제가 생길 때, 질병이나 죽음을 생각할 때, 깊은 물에 빠졌을 때, 어두운 곳에 혼자 있을 때 등 살면서 여러 가지 공포를 느낀다. 하지만 무엇보다 가장 두려운 공포가 대중 앞에서 말하기라는 조사 결과는, 대중 앞에서 자신 있게 말하는 것이 그만큼 어렵다는 것을 보여준다.

자신의 스피치 능력을 제대로 알고 이를 극복하기 위한 노력을 한다면 두려움에서 벗어나 자유로운 말하기를 할 수 있다. 스피치를 잘하려면 먼저 자기 수준이나 실력이 어느 정도인지 알아야 한다. 장점은 살리되 단점을 보완한다면 훨씬 체계적이고 자신감 있

| 스피치 실력 자가 진단 체크리스트 |

번호	내용	10	5	2
1	낯선 사람 앞에서 떨지 않고 말한다.			
2	말할 내용을 잘 기억해서 여유가 있다.			
3	긴장되는 상태에서도 천천히 말할 수 있다.			
4	말하고 싶은 내용을 메모하거나 스크립트를 사용한다.			
5	상황에 맞는 단어나 어휘를 사용한다.			
6	책을 꾸준히 읽고 강의도 자주 듣는다.			
7	심리적인 불안을 극복하기 위해 복식호흡을 자주 한다.			
8	표정 관리와 시선 처리가 여유롭다.			
9	제스처도 상황에 맞게 사용한다.			
10	목소리의 고저장단과 멈춤을 쓰면서 말한다.			

게 말할 수 있다. 앞에 나온 자가 진단 체크리스트로 자신의 스피치 실력을 알아보자.

〈점수별 스피치 실력 단계〉

- A단계(80~100점) : 이 정도 수준이면 어떤 상황에서도 자신있게 말할 수 있는 스피치 고수 단계이다.
- B단계(60~79점) : 어느 정도 잘하고 있으나 조금만 더 노력한다면 머지않아 훌륭한 스피커가 될 수 있는 단계이다.
- C단계(50~59점) : 이 단계는 스피치를 잘하고 싶지만 준비와 연습이 부족한 상태이다. 부족한 점을 체크하고 그 부분을 보완한다면 충분히 잘할 수 있다.
- D단계(20~49점) : 이 경우는 말하기를 두려워하거나 방법을 모르는 경우이다. 하지만 기본부터 제대로 차근차근 연습한다면 얼마든지 말을 잘할 수 있다.

이처럼 자기 실력을 알고 부족한 부분을 채워나간다면 언젠가는 스피치의 달인이 될 수 있다. 처음 스피치 수업에 온 사람들에게 위의 체크리스트로 실력을 점검해보면 대부분 C단계나 D단계 수준이다. 하지만 '나도 할 수 있다.'라는 자신감을 갖고 꾸준히 노력하다 보면 머지않아 확실히 발전한 자신의 모습을 발견하게 될 것이다.

나의 언어 습관 살펴보기

말을 할 때는 크게 내용 중심의 언어적 요소와 행동 중심의 비언어적 요소가 작용한다. 이 2가지가 조화를 이룰 때 비로소 자연스러운 말하기가 될 수 있다.

아래의 10가지 언어적 요소로 자신의 언어 습관도 살펴보자.

<언어적 습관 체크리스트>

- 발음과 발성을 바르게 한다.
- 구어체로 대화하듯이 말하며 억양 조절이 가능하다.
- 멈춤과 강약 조절을 자유롭게 한다.
- 말의 속도를 마음대로 조절한다.
- 말하기 전에 충분한 연습과 내용 정리를 한다.
- 흐름이 논리적이고 체계적인지 파악한다.
- 창의적인 아이디어로 자료를 만든다.
- 자료 조사나 수치를 명확히 한다.
- 진솔한 말하기로 공감을 느끼게 한다.
- 상대방의 이야기를 잘 경청하며 리액션도 잘한다.

위의 방법들 중 7~8가지를 실행하고 있다면 당신은 스피치의 언어적 요소를 잘 갖춘 사람이다.

<비언어적 습관 체크리스트>

- 상황에 맞게 표정을 다양하게 한다.
- 시선은 청중을 골고루 본다.
- 제스처를 말에 어울리게 사용한다.
- 자세가 반듯하고 연단 이동 시 여유 있게 움직인다.
- 청중과 적당한 거리를 유지한다.
- 마이크 사용 시 음량 조절에 신경을 쓴다.
- 외모와 옷차림을 단정하게 한다.
- 청중에게 다가가서 자연스러운 질문을 한다.
- 목소리의 강약 조절이나 멈춤을 잘 사용한다.
- 청중의 분위기를 파악해서 지루하지 않게 소통할 수 있다.

위의 내용을 보면 무척 복잡한 것처럼 느껴질 수도 있다. 하지만 이 중에 7~8가지만이라도 관심을 갖고 꾸준히 연습하다 보면 자연스럽게 몸에 밸 수 있다.

마지막으로 스피치를 잘하는 몇 가지 방법을 소개해본다. 스피치는 자신감이 중요하다. 이런 자신감을 갖는 방법을 활용해보자.

<스피치를 잘하는 방법>

- 긍정적 언어를 사용하라. 나는 할 수 있다는 생각을 하고 성공 이미지를 그려본다.
- 내가 한 말의 주제를 분명하게 인식하라. 주제를 키워드로

나눠서 설명하고 다시 처음의 주제로 돌아와 마무리한다.

- 적극적으로 스피치하라. 열정적으로 스피치를 즐기면 청중도 공감하게 된다.
- 유머를 활용하라. 스피치의 꽃은 유머이다. 억지로 웃기려 하지 말고 상황에 맞게 재미를 만들어라.
- 생활 속 에피소드를 활용하라. 내 경험이나 주변에서 일어났던 일, 책이나 영화 속 이야기도 좋은 에피소드가 된다.
- 잔잔한 미소로 표정에 여유를 가져라. 얼굴이 굳으면 스피치도 딱딱해진다.
- 질문으로 소통하라. 일방적인 말하기보다는 질문을 주고받으면 청중과 하나가 된다.

퍼스널 브랜딩 스피치는 자신을 알고, 자신감을 갖는 것에서 출발한다. 지피지기면 백전불태가 되는 것이다.

SPEECH

나를 비호감으로 만드는 스피치

상대를 배려한 말하기가 이미지도 좋게 만든다

사람의 첫인상은 단 2~3초 만에 결정된다고 한다. 그 짧은 순간에 이미지를 파악하는 걸 보면 우리의 뇌는 참 대단하다. 그래서 짧은 순간 자신의 이미지를 어떻게 만들 것인가를 생각해보게 된다. 첫인상이 나쁘게 비쳤다면 그것을 회복하는 데 많은 노력과 수고가 필요하기 때문이다.

이미지는 외적인 면과 내적인 면으로 구분된다. 옷차림이 깔끔하고 헤어스타일까지 단정한 사람이라면 누구나 첫눈에 호감이 간다. 그런데 아무리 외모를 갖추었어도 표정이 무뚝뚝하고 말에 신뢰가 없다면 그 호감은 금방 사라진다.

얼마 전에 우리나라 침대 제조업계에서 잘나가는 사장님의 강의를 듣게 되었다. 그는 풍채도 좋고 외모도 호감이 가는 인상이다. 그런데 강의 내내 무에서 유를 창조한 자신의 업적만 자랑스럽게 이야기했다. 산업 현장에 중동 바람이 불 때는 그곳에서 자신이 최고였고, 국내에서도 자신이 하는 일은 성공의 길만 달렸다고 했다. 불리한 일이 생기면 법정 싸움을 해서라도 끝까지 이긴다는 이야기도 덧붙였다. 그렇게 자신의 성공 신화만 무려 한 시간이 넘게 열강했다. 청중과 소통하지 못한 일방적인 강의는 지루함을 느끼게 했고, 다들 재미 없어 하는 빛이 역력했다.

강의를 듣다 보면 이처럼 종종 아쉬움이 남을 때가 있다. 강연자가 청중이 무엇을 원하는지에 대해 전혀 파악하지 못한 경우 이런 일이 생긴다. 특히 기업 대표의 강의는 그 회사의 이미지를 알리는 좋은 기회가 된다. 그런데 강사의 경험과 인생 철학이 제대로 담기지 않은 강의로 기회를 놓치는 경우가 있다. 위 사례 역시 기대로 가득 찼던 청중을 실망시키고, 기업의 이미지도 좋지 않게 남은 경우였다.

센스 있는 말하기

같은 말을 해도 분위기 파악도 잘하고 상대방을 기분 좋게 하는 사람이 있다. 그는 문맥의 흐름을 잘 알 뿐만 아니라 센스 있게 말하기를 잘하는 것이다. 그러나 혼자 생각만 하고 상대를 배려하여 말하지 못한다면 자신도 모르게 비호감을 주는 사람이 되고 만다.

내가 오래 알고 지내온 최 회장은 봉사활동을 많이 하는 지역 유지이다. 젊은 시절부터 봉사를 많이 해서 그런지 다양한 이야깃거리도 많다. 그렇지만 어떤 모임에 가든 그동안의 자신의 경험과 비교하며 말하곤 하고, 내용도 같은 이야기가 자주 반복되다 보니 지루하다는 느낌이 들 때가 많다. 듣는 사람의 입장을 전혀 고려하지 않고 말하는 것이다. 어느 날 우연히 그와 차를 마실 기회가 생겼다. 이때다 싶어 조심스럽게 말문을 열었다.

“회장님, 괜찮으시다면 잠깐 말씀 좀 드려도 될까요?”

“네, 무슨 말인가요?”

“평소에 말씀하실 때 같은 말을 반복하는 걸 인지하신 적 있나요? 조금 지루하다는 생각이 들어서요.”

약간은 당황한 표정이었지만 그는 곧 말해줘서 고맙다며 수긍을 했다. 그리고 한참 시간이 지난 후 모임에서 그분을 보니 확실히 달라진 모습이었다. 같은 말을 반복하지 않고 요점만 말하는 모습에서 센스까지 느껴져 주변의 반응도 좋았다.

“원장님, 나도 몰랐던 습관을 말해줘서 고마워요. 원장님 덕분에 달라졌다는 얘기를 많이 들었어요.”

잠깐의 조언이 최 회장을 달라 보이게 만든 계기가 되었다.

인상과 언상의 조화

인상은 그 사람의 현재와 과거를 말해준다. 그만큼 얼굴에는 그 사람이 삶을 어떻게 살고 있는지가 드러나기 때문이다. 편안하고 여유 있는 얼굴을 보면 넉넉함이 느껴져 상대방의 마음까지도 편안해진다. 그런 사람들은 대부분 인상도 좋다. 그러나 아무리 좋은 옷을 입고 공들여 치장을 해도 표정이 무뚝뚝하고 거만한 사람은 좋은 인상을 주지 못한다. 그래서 사람들은 첫인상을 좋게 만들려고 노력한다.

좋은 인상을 만드는 가장 좋은 방법은 밝은 표정을 짓는 것이다. 밝은 표정으로 상대를 대하면 자신의 인상도 좋아지고 상대방도 밝은 표정이 되는 걸 종종 경험하게 된다. 또 좋은 인상과 함께 좋은 이미지를 만들기 위해서는 때와 장소에 맞는 복장을 갖추는 것도 필요하다. 예식장이나 연주회장에서는 정장 차림을 하고, 운동을 할 때는 운동복을 입는 것이 상황에 맞는다.

또한 이미지를 잘 갖추기 위해서는 '언상(言象)'이 따라주어야 한다. 언상은 말이 주는 이미지라고 할 수 있다. 평소에 내 생각과 느낌을 상황에 맞게 잘 표현하고, 주변에 긍정적인 영향을 미친다면 그 사람의 이미지는 좋은 '언상'으로 남는다. 퍼스널 브랜딩 스피치 공부를 하러 오는 사람들은 대부분 '언상'의 중요성을 깨달은 사람들이다.

'인상'은 좋으나 '언상'이 아쉬웠던 국가대표 레슬링 감독을 코칭한 적이 있다. 상담 전화를 하면서 몇 가지 질문을 하고 수업 커리큘럼을 안내하는데 그분은 다짜고짜 자기 이름을 대면서 이렇게 말했다.

"원장님, 인터넷에서 제 이름을 검색해보세요. 그럼 어떤 사람인지 아실 겁니다."

'어, 뭐지?' 하는 생각이 들었지만 검색을 해보니 정말 이름만 대면 다 알 만한 사람이었다. 그 후 수업을 하면서 물었다.

"왜 처음 상담할 때 본인을 검색하라고 하셨나요?."

"갑자기 나에 대해서 말하려니 무슨 말부터 시작해야 할지 몰라서요."

"아, 그러셨군요. 간단한 질문이었는데 많은 것이 떠오르셨나 봐요."

그 후 수업이 진행되면서 그는 자신의 삶을 풀어놓았다.

"중학교 때부터 지금까지 평생 운동만 하고 살았습니다. 젊어서는 국가대표 선수로 메달도 땄고 그 분야의 박사학위도 받았습니다. 그리고 이제는 후진 양성을 위해 감독으로 최선을 다하고 있습니다. 그런데 국제대회에 나가 우승을 하면 감독이 우승 소감을 말해야 하는데, 메달 따는 것보다 말하는 것이 더 어렵다는 생각이 들었습니다."

그의 솔직한 고백이었다. 우승을 해서 기분이 너무 좋고 행복하지만 수상 소감을 제대로 표현하지 못하면 선수들은 물론 응원한 국민들까지 아쉬움을 느끼게 된다. 이를 극복하기 위해 퍼스널 브랜딩 스피치 수업을 받으러 온 것이다.

나는 그의 수업 프로그램으로 '순발력 있는 말하기'를 집중적으로 코칭했다. 순발력 있는 말하기란 즉석에서 상황에 맞게 하는 말하기인데 이때 가장 중요한 것이 그 상황에 맞는 중심 단어를 찾는 것이다. 그리고 평소에도 어떻게 하면 선수들이 고된 훈련을 참고 자신감을 키우는지 늘 말로 표현하게 했다. 그동안 우승을 하기까지 힘들었던 여러 가지 에피소드를 메모하도록 하니 그에게는 소재가 무궁무진했다.

그것을 바탕으로 스피치 연습을 해서 실력이 쑥쑥 늘었다. 말 실력이 늘자 그의 좋은 '인상'은 상황에 맞는 '언상'과 함께 조화를 이뤄 감독으로써 더욱 좋은 이미지를 만들 수 있었다.

SPEECH

'아' 다르고 '어' 다른 말

우리말의 '아'와 '어'의 차이

우리의 모든 일상은 말로 시작되어 말로 끝난다고 할 수 있다. 그런데도 말의 중요성을 쉽게 생각하는 사람들이 의외로 많다. 이때 말은 음성 언어만을 지칭하는 것이 아니라 표정과 자세, 억양 등이 조화를 이루어 상대방에게 전달되는 전체 과정을 말하며, 그 속에서 '아'와 '어'의 차이가 나타난다. 그리고 그 차이는 극적인 경우 죽을 사람도 살릴 수 있다. 극단적인 선택을 하려는 사람에게 그의 입장을 이해해주고 다시 세상을 향해 나갈 수 있는 용기를 주는 것은 결국 누군가의 진심 어린 말이기 때문이다. '말 한마디로 천 냥 빚을 갚는다.'라는 속담은 상대방의 마음을 움직이는 말의 위력을 잘 나타낸 것이다.

나이나 사회적 지위가 높다고 해서 고압적인 말투를 쓴다면 그를 좋아할 사람은 아무도 없다. 그런데 아쉽게도 그런 사실을 본인만 모르는 경우가 많다.

농협 조합장 선거 출마자 민수 씨를 코칭한 적이 있었다. 그는 29년 동안 농협 지점장으로 근무하다 아직 5년이나 남은 임기를 내려놓고 조합장 선거에 나섰다. 처음 해보는 출마라 긴장은 되지만 자신 있는 부분이 있다고 했다. 그는 상대 후보인 현 조합장의 말투가 많은 직원들의 원성을 사고 있는 것을 직접 느꼈다고 했다.

"그분은 항상 명령과 지시로 대화를 이끌어갑니다. 그래서 그런지 아래 직원들과 소통이 안 돼요. 그런 면에서는 제가 유리할 것 같아요."라고 말했다.

선거에서는 종종 상대방을 폄하하는 유언비어도 생기게 된다. 그러나 그는 한 번도 상대 후보를 비난하지 않았고, 큰 표 차이로 당선이 되었다. 민수 씨는 선배 조합장의 말투에서 배운 교훈을 거울로 삼았던 것이다. 현재 그는 회의를 할 때도 말투에 신경을 쓰면서 직원들과의 소통도 잘하고 있다.

나를 숨기고 상대를 드러내는 말솜씨

'아' 다르고 '어' 다른 말은 사소한 감정이 뉘앙스로 전달되어 차이를 만든다. 이럴 때 필요한 것이 상대에게 드러내는 말솜씨이다.

같은 상황에서도 상대를 먼저 배려하는 말을 하면 좋은 인간관계를 유지할 수 있다.

지인 중에 시의회에서 일하는 박 의장이 있다. 그는 부드러운 말로 상대를 높여주는 말하기뿐만 아니라 '아'와 '어'의 차이를 잘 표현하는 것으로도 유명하다. 대부분의 정치인들이 행사에 초대를 받아 덕담을 하게 되면 자신의 말에만 초점을 맞추고 한마디라도 더 자신의 이야기를 하려고 하는데, 박 의장은 그렇지 않다. 어떤 행사에 참석해도 그 행사를 주관하는 사람에게 포커스를 맞춘 말을 먼저 하고, 평소의 언행도 반듯하다. 그래서 많은 사람들이 그의 남다른 말솜씨를 좋아한다. 그렇다 보니 벌써 3선에 성공했다. 아마 그가 정치를 계속한다면 대부분의 사람들이 다음 선거에서도 그를 지지할 것이다.

같은 말이지만 다른 느낌을 주는 '아'와 '어'의 차이

아이들에게도 "숙제는 안 하고 게임만 하니?"라고 나무라는 말과 "숙제를 다 하고 게임을 하면 좋겠구나."라고 타이르는 말은 확실히 다르다. 부부 사이에서도 가끔 배우자가 몸살이라도 나면 "많이 아프지? 병원 다녀오자."라는 말과 "그러고 있지 말고 병원 갔다 와!"라는 말은 같은 의미여도 확실히 다른 느낌을 준다.

요즘은 웬만한 은행 업무는 모바일로 처리하는 사람이 많지만 어쩔 수 없이 은행 창구에서 업무를 보게 되는 경우도 있다. 그럴 때 은행 직원들의 말은 고객을 기분 좋게 할 수도, 불편하게 할 수도 있다. 한번은 사람이 많아 은행에서 차례를 기다리다가 우연히 어떤 어르신과 창구 직원이 하는 얘기를 듣게 되었다. 그 어르신은 연세가 많으셔서 서명하는 것도 직원의 말을 알아듣는 것도 어려워하며 같은 질문을 여러 번 반복했다. 그런데 그 창구 직원은 끝까지 알아듣기 쉽게 설명했고, 결국 다른 사람들보다 많은 시간이 소요됐지만 끝까지 친절한 모습을 보였는데, 매우 인상적이었다.

병원에서도 의사나 간호사들의 말은 환자들의 기분을 좌우한다. 고통을 호소하는 환자에게 "조금만 참아보세요. 금방 될 거예요."라는 형식적인 말보다 좀 더 편안한 자리로 안내하며 "많이 힘드시겠네요. 앞에 환자 분이 있으니 조금만 기다리시면 빨리 진료하도록 하겠습니다."라고 친절하게 말한다면 같은 상황에서도 편안함을 느낄 것이다.

나 역시 처음 상담하거나 만나게 되는 사람들에게 편안함을 주는 말을 하려고 노력한다. 억지로 꾸며서 하지는 않지만, 뉘앙스를 잘 살려 마음을 편하게 하려는 생각은 지금도 변함이 없다.

부정적인 생각 속에 다른 결과를 만들어낸 '아'와 '어'의 차이

누군가 어떤 일을 할 때 "아! 그래, 넌 해낼 수 있어."라고 표현하면 그는 그 기대에 부응하기 위해 노력하고, 좋은 결과를 만들어 낸다. 그러나 "과연 네가 그걸 할 수 있을까?"라고 처음부터 부정적인 말을 한다면 분명 결과는 좋지 않을 것이다. 사람들은 두 종류로 나눌 수 있다. 똑같은 상황에서도 '글쎄?'라며 의심을 하는 사람과 '그렇구나.'라고 긍정의 말을 하는 사람이다.

면접을 준비하는 40대 후반의 5급 공무원을 코칭한 적이 있다. 앞서 진급에서 두 번을 떨어지고 마지막 기회로 시험을 준비하다 보니 많이 위축된 상태였다. 그런데 그 사람의 말투를 보면 매사가 의심과 걱정뿐이다.

"원장님, 이번에는 될 수 있을까요?"

"최선을 다해보시죠."

"그런데 저는 자꾸 '이번엔 진짜 될까?'라는 의심이 들어요."

그는 두 달 동안 열심히 면접을 준비하면서도 매사에 확신이 없었다. 그러니 얼굴 표정에도 그늘이 져 있고 의욕도 없어 보였다. 나름대로 열심히 면접 준비에 최선을 다했지만 결과는 불합격이었다.

우리는 평소에 말하는 습관이 자신을 만들어간다는 것을 놓칠 때가 많다. '아무것도 아닌 것이 아무것인 게 인생이다.'라는 말처럼, 평소에 부정적으로 염려하고 걱정하는 생각이 '아'와 '어'의 차이를 만들어 다른 결과를 불러온다. 부정적인 말 습관은 누구보다 가장 먼저 자신에게 영향을 준다.

자존감을 지켜주는 스피치

자존감이 높아지면 자신감도 올라간다

자존감의 정의는 '자기 자신의 가치에 대한 긍정적인 평가이다.'라고 심리학자인 마셜 B. 로젠버그(Marshall B. Rosenburg)는 말했다. 사람은 자신의 가치를 발견하지 못하고 누군가와 비교당할 때 자존감이 떨어지고 마음의 상처도 받게 된다. 스피치 교육을 받으러 오는 수강생들은 대부분 이런 경험을 했거나, 스스로에게 변화를 주고 싶어서 오는 경우가 많다.

자존감을 지키는 데는 스피치 스킬이 필요하다. 특히 퍼스널 브랜딩 스피치는 자신의 가치를 제대로 표현해서 자기만의 경쟁력을 키우는 과정이기에, 자존감을 키우는 스피치 스킬이 매우 중요하다. 자존감 스킬을 키우기 위해서는 앞서 말했듯이 자기 자신에 대한 긍정적인 평가와 용기 있는 생각이 필요한데, 자존감이 낮은 사람은 이 부분이 약하다. 자신이 잘할 수 있는 것도 있고 장점도 많은데 그걸 발견하지 못하는 것이다.

얼마 전 수업을 받으러 온 K 은행의 부지점장이 바로 그런 사례였다. 부지점장인 그녀는 일에서는 누구 못지않은 능력을 발휘해 업무에 대한 인정을 받아 승진도 했다. 하지만 요즘 많은 가정이 그렇듯 맞벌이를 하느라 아이들을 제대로 보살피지 못했다. 그녀에게는 아들이 둘 있는데 큰아들은 공부를 잘해서 명문대에 다니고 미래에 무엇을 할 것인지 계획도 분명했다. 그러나 둘째는 학교 성적도 낮았고 체격도 작으며, 성격도 내성적이라 감정표현도 잘하지 못한다. 고3이 되어 대학을 가야 하는데 준비된 것이 없어 답답하기만 하다는 것이었다. 그녀는 둘째 아들 때문에 늘 마음도 아프고 자존심도 상한다고 했다.

그녀는 이 둘째 아들과 같이 수업을 받게 되었는데, 수업을 진행하다 보니 각자의 입장이 너무 다른 걸 느끼게 되었다. 엄마의 입장에서는 '나도 열심히 일했고 형은 저렇게 잘 컸는데 너는 왜 그러니?'라는 생각으로 둘째 아들을 대했고, 아들의 입장에서는 늘 형과 비교당하며 기가 죽었던 것이다. 친구를 사귀기도 힘들 만큼 자신감도 없고, 내성적인 자신의 성격을 극복해나가기도 어려운데 엄마는 이해를 못 한다고 여겼다. 나는 이들 모자(母子)를 코칭하면서 대화가 부족해 소통이 안 되는 것이 무척 안타까웠다.

상담을 하다 보니 엄마의 자존감은 지나치게 높았지만 반면에 아들은 너무 낮은 자존감을 갖고 있었다. 수업을 통해 아이가 하지 못한 말을 엄마에게 전했고, 한 번도 아이의 속마음을 듣지 못했던 엄마는 아들의 아픔을 이해하고 그동안 혼자 외로웠을 모습에 눈물을 흘렸다. 아이도 고등학교 3년 동안 친구 한 명 없이 외톨이로 지냈던 자신의 모습이 답답했었는데, 이제라도 자신감을 찾아야겠다는 의지를 보였다.

다행히 이 아이는 다른 과목은 부족했지만 중국어만큼은 잘해서 HSK 6급에 합격했다. HSK 6급은 중국어 시험 중 가장 고급 단계여서, 이 특기를 살려 외국어 자격증으로 글로벌 인재를 모집하는 학교에 지원하기로 했다. 한결 밝아지고 당당해진 아이를 보며 자존감을 키우는 스피치는 '다른 사람과 비교하지 않고 자신의 모습 그대로를 인정하고 동기부여를 해주는 것이다.'라는 생각을 새삼 하게 되었다.

자존감과 자신감

자존감이 자기를 지키고 존중하는 마음이라면, 자존심은 타인으로부터 품위를 지켜서 보호하려는 마음이다. 그래서 자기에 대한 자부심이 있는 사람은 자존감이 있고 자신감도 있다. 반면에 타인과 비교해서 자신을 무시하거나 하향 평가하는 사람은 당연히 자존감과 자신감이 떨어지게 되어 있다. 퍼스널 브랜딩 스피치에 오는 사람들을 상담하다 보면 본인이 느끼고 있는 자신감과 자존감이 어느 정도인지 알 수 있다. 가끔은 '가짜 자신감'을 갖고 있는 사람도 있는데, 그들은 자신의 내면과 겉으로 보이는 행동이 다르다.

우혁 씨는 공기업에서 팀장을 맡고 있다. 얼마 전, 다른 지역으로 발령이 나서 근무지를 옮겼다. 첫 출근을 하고 직원들 앞에서 인사를 하는데 이게 웬일인가? 자신도 모르게 말을 더듬고 횡설수설하다 대충 마무리하게 되었다. 그는 이후 회의를 할 때에도 도대체 자기가 무슨 말을 하고 있는지 모를 정도로 말하기가 잘 되지 않았다고 한다. 상담을 하다 보니 그는 평소에도 말하기가 힘들긴 했지만 자기가 이 정도인 줄 몰랐다면서 이번 일로 자존심이 많이 상하고 자신감마저 떨어졌다고 했다.

왜 평소보다 말이 안 되고 자신이 없었는지 이유를 아느냐고 물었더니 '너무 잘하고 싶은 욕심'이 있었다고 했다. 직원들과 첫 만남이니 좋은 인상을 주려고 연습까지 했는데 오히려 긴장감만 더 생겼다는 것이다.

그렇다. 말은 잘하겠다고 욕심을 내면 의외로 더 긴장되고, 생각처럼 말이 안 나오는 경우가 있다. 그래서 나는 말을 '잘하는 것'보다 '할 말을 하는 것'에 초점을 맞추어서 그의 수업을 진행했다. 그리고 메모하는 방법도 코칭했다. 자신이 할 말을 간단하게 키워드로 적어보고 그것을 요약해서 갖고 있으면 생각이 나지 않을 때 활용할 수도 있으며, 그 자체로도 든든한 마음이 생겨 말을 잘할 수 있게 된다. 그는 이 방법을 써보고 난 후 확실히 용기가 생겼다고 한다. 그리고 말하기에 자신감이 생기니 자존감도 올라가고, 어떤 일이 주어져도 잘할 수 있다는 용기도 생겼다. 이처럼 자존감은 획득하는 것이 아니라 내면의 자아를 발견하고 확인하는 것이다.

자존감이 낮은 사람의 특징과 해결책

자신을 돌아보고 변화를 추구한다면 누구나 낮아진 자존감을 회복할 수 있다. 자존감 낮은 사람들의 모습과 이를 극복하는 방법을 알아보자. 자존감이 낮은 사람들은 다음과 같은 공통점이 있다.

첫째, 자존감이 낮은 사람은 눈치를 본다

자신에 대한 확신이 없고 항상 불안하다. 이런 사람들은 기준점을 자신 안에 찍어라. 눈치를 보는 것은 상대방을 의식하고 기준점을 밖에 찍는 것이다. 그러니 자신의 장점이 무엇인지 발견하려는 노력을 해보자.

둘째, 말이 부정적이고 의욕이 없다

"난 안 될 거야.", "내가 그렇지 뭐.", "그건 정말 할 수 없어." 등 부정적인 말을 많이 쓰고 의욕이 없다. 이런 사람들은 자신의 언어 습관이 어떤지를 체크해보고, 잘못된 것은 고쳐야 한다. 자신감이 생기면 부정적인 언어 습관도 자연스레 사라진다.

셋째, 남 탓, 환경 탓을 한다

우리 속담에 '잘하면 내 탓, 못하면 조상 탓'이란 말이 있다. 하지만 성인이 되면 모든 선택은 본인이 한다. 그러니 책임도 자신이 져야 하는 것이다.

세상살이에 정답은 없다. 다만 옳게 만들려고 노력해야 한다. 이때 남 탓만 하면 더 이상 발전은 없다. 남 탓을 하고 있기에는 시간이 너무 빠르게 지나간다. 남을 탓할 시간에 기회가 오면 놓치지 말고 잡을 수 있도록 준비하는 것이 필요하다.

넷째, 실패를 미리 상상한다

앞으로 일어날지 모를 일을 미리 염려하고 걱정한다. 그리고 실패의 원인 찾기에 바쁘다. '이건 이래서 안 되고, 저건 저래서 안 될 거야.'라고 실패를 미리 예상한다.

세상에서 제일 어리석은 짓은 해보지 않고 부정적인 결과만 상상하는 것이다. 일단 계획을 세우고 하고 싶거나 해야 할 일을 실천해보자. 설령 실패한다 해도 교훈은 남게 된다.

다섯째, 거절당하는 걸 두려워한다

자존감이 낮은 사람일수록 거절당하는 걸 힘들어한다. 거절당하면 자존심이 상하고 자신감이 더 떨어진다고 생각한다. 그러나 이런 사람들은 자신이 거절당한 이유를 먼저 생각해봐야 한다.

만일 자기가 지나친 요구를 한 것이라면 반성하고, 상대방이 잘못한 일이라면 자신의 잘못이 아니므로 이럴 땐 다름을 인정하고 방법을 찾아보면 된다.

나이를 먹어가면서 잘나가던 옛 모습을 떠올리고, 그에 비해 현재의 일이 뜻대로 되지 않으면 자존감이 떨어질 수 있다. 이때 자존감을 높이는 방법은 긍정적인 생각과 활기찬 말을 해보는 것이다. "나는 잘될 거야.", "나는 할 수 있어.", "나는 반드시 성공할 거야."라고 외쳐보자. 그리고 작은 것이라도 계획을 세우고 실천해보자. 또한 퍼스널 브랜딩 스피치를 통해 자신의 가치를 찾고 당당한 자신을 표현한다면 자존감도 올라가고 자신감도 높아질 것이다.

스피치 실력의 바탕은 사고력이다

사고력을 키우는 최고의 방법은 책읽기이다

생각이 바뀌면 말과 행동, 인생까지 바뀔 수 있다. 그러니 모든 것은 생각에서 출발한다고도 할 수 있다. 삶의 계획이나 목표를 생각하고 행동으로 실천한다면 그 자체가 인생을 만들어가는 과정이 된다. 그래서 일상생활에서 중요한 것을 좀 더 깊고 넓게 보는 사고력이 중요하다. 특히 스피치를 잘하려면 기억력과 순발력, 사고력이 바탕이 되어야 하는데, 이때 독서가 기본이 되면 좋다. 하지만 책 읽기가 얼마나 중요한지 알면서도 막상 실천하기는 쉽지 않다. 그래서 퍼스널 브랜딩 스피치 수업에서는 '책 읽기와 친해지기' 과정이 있다. 특히 나이가 들수록 종이로 된 신문은 보지만 책 한 권 읽기는 어려워하는 사람들이 많다.

내 남편은 아직도 종이로 된 신문을 즐겨 읽으면서 사회에서 일어난 일들에 대해 나름의 논평을 한다. 그런데 시간이 지나면 그 일에 대해 금세 잊어버리고 마는 경우가 많다. 그러니 쉽게 보고 쉽게 지워지는 신문 읽기는 사고력을 넓히기에는 조금 아쉽다는 생각이 든다. 하지만 좋은 책 한 권을 제대로 읽고 정리해서 말로 표현해본다면, 스피치에도 도움이 되지만 사고력도 넓어질 것이다.

퍼스널 브랜딩 스피치 수업에는 직업, 나이, 학력, 환경도 다른 사람들이 다양한 목적을 가지고 수업을 받으러 온다. 이렇게 스피치를 배우려는 목적은 달라도 사고력을 키우고 전두엽을 활성화시켜 스피치를 잘하려는 목표는 모두 같다. 나는 어떻게 하면 수강생들이 거부감 없이 책하고 친해질 수 있을지 고민한 끝에 오랜 시간 독서를 멀리했던 사람이라도 책과 친하게 만드는 나만의 방법을 찾게 되었다. 최근에는 스마트폰에 중독되었던 학생들을 '100권 책 읽기' 프로젝트에 참여시켜 성공을 시킨 경험도 있다. 특히 장년 세대인 사람들은 직장생활과 여러 가지 사회 활동으로 시간을 내서 책을 읽는 것이 쉽지 않다. 스피치 교육을 위해서 책을 읽어야 된다고 하면 그들은 한결같이 말한다. 마음먹고 책을 읽으려 해도 집중도 안 되고, 수면제처럼 잠만 온다는 것이다.

책 읽기가 어려운 것은 오랫동안 책을 멀리했기 때문이기도 하지만 흥미를 줄 수 있는 책을 고르는 방법을 잘 몰라서이기도 하다. 또 책의 의미를 파악하고 읽은 책을 내 것으로 만드는 방법을 모르니 더욱 어렵게만 느껴지는 것이다.

그러나 책 읽기 수업을 시작하면 처음에는 힘들어하던 사람도 곧 무리 없이 한 권의 책을 재미있게 읽을 수 있게 된다. 이렇게 열린 독서의 문은 그 후 다른 책까지 읽게 되는 마중물 역할을 한다. 내가 하는 '책 읽기와 친해지기' 방법의 첫 번째는 상담을 통해 자신의 눈높이에 맞는 책을 고르는 것이다. 선택한 책을 적당한 분량으로 나눠서 처음에는 소리 내서 읽고, 두 번째는 의미가 느껴지는 곳에 줄을 긋고, 세 번째로는 생각하면서 읽게 한다. 이때 작가의 의도와 자신의 생각을 접목시키는 말하기를 하다 보면 자연스럽게 이해력과 사고력이 넓어지는 걸 느끼게 된다.

독서로 키워진 사고력은 스피치를 잘하기 위해서뿐만 아니라 살면서 판단하고 결정할 일이 생길 때 기준점을 세워주는 역할도 한다. 건강한 사고력은 기회가 왔을 때 그것을 깨닫고 판단하게 하는 지혜를 준다. 그래서 교보문고 신용호 회장도 "사람은 책을 만들고 책은 사람을 만든다."라고 했나 보다.

말도 잘하자

"말도 잘하자."는 나의 스피치 교육 철학이자 신념이다. 우리나라는 예로부터 '말을 많이 하면 복 나간다.', '침묵이 금이다.', '말은 잘하네.', ' 말만 번드르르해 가시고'와 같이 말에 대한 편견이 있었다. 그러나 지금은 시대가 바뀌어서 말까지 잘하면 몸값이 달라진다. 반면 능력이 있는 사람도 자신의 능력을 말로 표현하지 못해 경쟁력에서 뒤처지는 경우도 많다. 그런데 말하기는 이렇게 중요하지만 말만 잘해서는 곤란하다. 그러니 생각과 행동이 뒤따라야 신뢰감도 생기고 인정도 받게 된다. 그래서 나는 "말도 잘하자."라고 강조하는 것이다.

한번은 현대자동차 모 지점 영업사원을 대상으로 '고객을 대하는 건강한 마인드란?'이라는 주제로 강의를 했다. 그때 강조했던 핵심 키워드가 '말도 잘하자.'였다. 똑같이 만든 자동차를 파는 영업사원의 입장에서는 어떻게 고객을 만족시켜 자동차를 구매하게 만드느냐는 개인의 능력이 된다. 영업에서는 물론 지인들이나 평소에 맺어놓은 인연도 중요하다. 하지만 진짜 베테랑 영업사원들은 무에서 유를 창조하는 판매 전략을 성공시킨다. 그래서 모든 영업 활동은 사람의 마음을 움직이게 할 때 이루어지고, 그 중심에는 진심이 담긴 말과 행동이 있어야 한다고 강조했다.

강의가 끝난 뒤 나를 초대해준 지점장이 말했다.

"원장님, 오늘 강의는 저희 영업사원들에게 꼭 필요한 내용이었습니다. 감사드립니다. 그리고 강의 중간에 '사고력을 키우는 책 읽기'를 말씀하셨는데, 저희 지점은 한 주에 한 권씩 책 읽기를 하고 있습니다. 확실히 책을 읽고 난 후에 영업사원들의 사고력이 달라지고 자신감이 넘치는 걸 느낄 수 있었습니다. 이렇게 전 직원이 독서를 하니 대화도 잘되고, 생각이 정리된 상태에서 고객을 만나니 전국 대리점 중 10위 안에 드는 영업 실적을 올리게 되더군요."

나는 그에게 최고의 방법을 선택하셨다고 칭찬했다.

생각 디자인과 사고력

같은 상품도 디자인에 따라 가치가 달라진다. 말도 마찬가지이다. 그래서 말을 하기 전에 '어떤 말을 할까?'보다는 '어떻게 말할까?'를 생각하고 디자인해야 한다. 이때 생각의 디자인을 도와주는 것이 사고력이고, 이 사고력은 스피치 실력을 키우는 데 꼭 필요하다.

생각을 디자인해서 말할 때는 그림 그리는 방법을 생각하면 이해하기 쉽다. 그림을 그리려면 먼저 어떤 대상을 그릴 것인지 생각하고, 대상이 정해지면 연필로 데생을 한다. 각도를 잡아 명암을 넣고 원하는 그림을 완성해간다. 스피치를 하기 위한 생각 디자인도 마찬가지이다. 어떤 말을 할지 주제를 선정하고 주술 구조를 생각하고, 어떤 단어로 문맥을 이어갈지, 에피소드는 무엇을 넣을지를 생각하면 언어의 집이 지어진다. 이렇게 하면 디자인된 생각과 사고력이 조화를 이뤄서 자연스럽게 말을 할 수 있다.

수강생 중에 미술을 전공한 민곤 씨가 있다. 민곤 씨는 선천적으로 혀가 조금 짧아서 'ㄹ' 발음이 잘 안 된다. 그렇다 보니 여러 사람 앞에서 말하는 데 자신이 없고, 스피치도 잘 안 됐다. 하지만 스피치를 잘하기 위해 발음 훈련도 하고, 생각 디자인 방법을 설명하니 쉽게 이해하고 잘 따라 하게 되었다.

퍼스널 브랜딩 스피치 수업을 받으러 오는 사람들 중에는 민곤 씨처럼 발음이 안 되어 자신감이 없고 스피치를 힘들어하는 사람들이 있다. 발음이 안 되는 경우는 2가지이다. 선천적으로 구강 구조가 발음에 영향을 미치는 경우와 후천적으로 급한 성격이나 잘못된 발성법으로 발음이 안 되는 경우이다. 후천적인 경우에는 교정이 가능하지만 민곤 씨처럼 선천적으로 발음이 안 될 경우는 기본 발음 발성 연습은 하되, 주눅 들지 않고 의사를 전달할 수 있다는 자신감으로 생각을 바꾸는 게 중요하다.

생각을 디자인하는 방법으로 표현이 자유로워진 민곤 씨는 지금 지역의 큰 단체에서 회장을 맡아 활발하게 활동 중이다. 사고력이 달라지면 사물이나 주변을 보는 안목도 달라지고 인생의 또 다른 기회도 만나게 된다.

나만의 콘텐츠를 소중히 여겨라

경험을 스피치로 살리니 기회가 온다

평범한 일상도 의미가 부여되면 싱싱한 스피치 소재가 될 수 있다. 살아가는 순간마다 의미를 부여하면 그것이 에피소드가 되고, 이 에피소드는 스피치를 잘할 수 있는 재료가 된다.

호권 씨는 친환경 굼벵이 사료를 만드는 사업을 한다. 그는 대학에서 경영학 박사학위를 받았다. 학교를 졸업하고 대기업에 취업해 연구하는 일을 열심히 하면서 아파트 베란다에서 틈틈이 굼벵이를 키우기 시작했다. 다른 사람들이 애완동물을 키우듯이 굼벵이에게 먹이도 챙겨주고 좋은 환경도 만들어주었다. 어릴 때부터 유난히 곤충에 관심이 많았던 터라 정성 들여 굼벵이를 키웠고, 그것들도 건강하게 잘 자랐다. 그 분야에 더욱 관심을 갖게 된

호권 씨는 다니던 회사에 사표를 낸 뒤 양평에 굼벵이 농장을 짓고 지난 2년 동안 굼벵이를 키웠다. 그는 일을 하면서 굼벵이가 애벌레가 되고 자라서 성충이 되는 것을 그리고 이들이 잘 먹고 클 수 있는 사료를 직접 연구하는 과정을 블로그에 올렸다. 그러다 보니 그 분야에 관심 있는 사람들에게 전국적으로 소문이 났고, 지금은 많은 사람들이 찾아와 자문을 구한다. 그가 취미로 아파트에서 몇 마리 안 되는 굼벵이를 키우기 시작해 현재와 같이 대형 농장을 경영하게 된 에피소드를 풀어놓으면 사람들은 모두 놀라워한다. 굼벵이가 식용으로 허가가 나면서 그의 사업은 더 승승장구하게 되었고, 정부 관련 단체에서 인터뷰를 하거나 사업 설명도 하게 되었다.

그런데 문제가 생겼다. 바로 체계적이고 논리적인 말하기가 어려웠던 것이다. 그는 몇몇 소수의 사람들 앞에서는 할 말을 하지만, 단체나 기관에서 원하는 대로 프레젠테이션을 이용해 설명해야 할 땐 앞이 캄캄해진다고 한다. 특히 대중을 상대로 하는 프레젠테이션을 할 때는 설명할 내용을 PPT 자료로 만들어 체계적으로 발표해야 하는데, 그 순간이 되면 몸이 경직되고 말은 어눌해진다. 결정적으로 지난 3월에는 창업 지원금을 받을 수 있는 좋은 기회마저 스피치를 못해 놓치게 되었다. 그동안 열심히 준비한 콘텐츠가 아쉽게도 인정받지 못하게 된 것이다. 말하기의 중요성을 절실히 깨달은 그는 퍼스널 브랜딩 스피치 수업을 받으러 오게 되었다.

나는 그에게 프레젠테이션을 할 때 자신감을 갖고 표현하는 방법을 가르쳤다. 내용을 숙지한 후 비언어를 사용하는 스피치 스킬을 지도한 것이다. 비언어를 잘 활용하기 위해 긴장감을 없애주는 시선 처리와 자연스럽게 제스처를 쓰는 방법, 호흡을 통한 발성법까지 차근차근 지도했다. 그러자 어렵게만 느껴졌던 프레젠테이션이 점점 익숙해졌고, 이젠 웬만한 강사 수준이 되었다. 이제 그는 자신 있게 말한다.

"원장님, 하반기 응모에서는 프레젠테이션을 당당하게 할 수 있을 것 같아요."

퍼스널 브랜딩 스피치는 경험과 노하우로 준비된 호권 씨에게 사업을 더욱 발전시킬 수 있는 기회를 만들어줄 것이다.

한편 건설 현장에서 평생을 일하신 김 회장님을 코칭한 적이 있다. 그분은 요즘 말로 하면 금수저로 태어났지만 부친의 사업 실패로 큰 부자였던 집이 오래가지 못하고 기울었다. 집안 환경이 어려워지자 사춘기가 된 소년은 방황했고, 몸집이 컸던 그는 싸움 대장이 되었다. 고등학교도 등록금을 제때 못 내서 다섯 군데를 옮겨 다니며 겨우 졸업했다. 성인이 된 후에는 이 일 저 일 안 해본 것이 없었던 그는 공사 현장에서 일했던 경험을 살려 건축업을 시작했다. W 건설이라는 회사를 세우고 전국에 아파트를 지었다. 마침 1980년대 초반에 우리나라에 일어난 건설 개발 붐을 타고 기회를 잡을 수 있었다. 사업은 승승장구했고, 두 번에 걸쳐 전국주택건설협회 회장까지 역임했으며 지역에서도 각종 단체의 장을 맡아 봉사활동도 열심히 했다. 나는 그분의 이야기를 들으며 감동을 받았다. 그리고 후배들에게 좋은 영향력을 줄 수 있는 경험을 강의해보시라고 권유했다. 그는 처음에는 손사래를 치며 이 나이에 무슨 강의냐고 거절했지만 한참을 생각하신 후 "내 인생도 누군가에게 도움이 될까?"라고 조용히 입을 뗐다.

"그럼요, 지금까지의 경험은 충분히 살아 있는 콘텐츠가 됩니다."

나는 그분의 일생을 한 시간 분량으로 원고에 담았다. 나이가 있으셔서 발음이 불안정하니 가끔 쉼을 주기 위해 호흡을 조절하는 훈련도 하시도록 했다. 그랬더니 귀에 쏙쏙 들어오는 말하기가 되었다. 그렇게 시작한 강의로 얼마 전에는 단체에 나가 강연도 하시고 강의료를 받는 대신 장학금도 내고 기부도 하신다고 한다.

"이 원장님, 고마워요. 나이 80을 바라보다 보니 골프나 치고 주변 사람들이나 만날 줄 알았는데, 스피치를 잘하게 되니 살아온 내 인생도 자랑스럽네. 내가 가진 것들을 보람 있게 쓸 수 있는 기회도 되고 말이야."라며 매우 뿌듯해하셨다.

스피치를 지도하다 보면 다양한 사람들을 만나게 된다. 그런데 한 사람 한 사람 모두 누구도 흉내 낼 수 없는 자신만의 콘텐츠를 갖고 있다. 관심을 갖고 관찰해보면 보석 같은 경험이 없는 사람은 없다. 하지만 그것이 정리된 말로 나올 때라야 자신만의 퍼스널 브랜딩 스피치가 되고, 누군가에게 영향력을 주는 기회가 되는 것이다.

나의 가치를 찾아 기회를 잡아라

가치란 인간 행동에 영향을 주는 지적이고 의지적인 욕구를 만족시키는 것이다. 나 역시 그동안 스피치 강의를 하면서 내 일에 가치를 발견하게 되었고, 그 경험을 바탕으로 책을 내야겠다는 목표도 생겼다.

나는 평소에 책 읽기라면 자신 있었다. 1년에 100권 정도는 거뜬히 읽었고 사 모으는 것도 취미 생활의 한 부분이다. 하지만 열심히 읽기만 하는 독자가 아니라 나도 저자가 되어야겠다는 결심을 하게 된 계기는 제2의 인생 설계에 꼭 필요할 것이라는 생각 때문이었다. 내가 하고 있는 일을 돌아보고 더 넓은 세상을 향해 나갈 수 있는 뒷받침이 되는 것이 바로 저자가 되는 것이라는 확신이 들었다. 그래서 책을 통해 기회를 만드는 사람들의 대열에 동참하게 되었다. 스피치 교육을 하다 보니 늘 말로 사람들을 지도하고 변화를 주었는데, 이제는 책 쓰기로 더 넓은 세상에 도전해야겠다는 계획을 세운 것이다.

하지만 글쓰기는 책 읽기와 달랐다. 책을 읽는 것이 누군가가 만들어놓은 것을 내 안에 넣어 숙성시키는 것이라면 글을 쓴다는 것은 내 안에 있는 그 무엇을 끌어내는 창조적인 작업이기 때문이다. 평소에 제법 글쓰기만큼은 잘한다고 생각했는데, 한 시간짜리 원고를 쓰는 것과 한 권의 책을 내는 것은 완전히 다른 영역이라는 걸 느꼈다.

책을 내기 위한 글쓰기를 하려니 더욱 집중을 해야 했다. 평소에 사람 만나는 걸 좋아하고 어울려 운동하는 것도 즐겼던 내가 그 모든 걸 내려놓고 오직 글쓰기에만 집중하는 일은 쉬운 일이 아니었다. 책 한 권을 출간하는 것이 산모가 출산하는 고통만큼 힘들다는 말을 들었는데 정말 그렇다는 생각이 들었다.

글쓰기가 힘들 때는 가끔 '내가 왜 이 고생을 하지?' 하는 생각도 든다. 하지만 또 스스로에게 답한다. '지금 책을 쓰고 강의를 준비하는 것은 나만의 퍼스널 브랜딩 스피치로 제2의 인생을 준비하는 과정이다.'라고.

어떤 일이든 준비 과정 없이 이루어지는 것은 없다. 나 역시 그동안 교육을 통해 만났던 수천 명의 사람들에게 퍼스널 브랜딩 스피치로 자신감과 용기를 심어주었다. 특히 요즘같이 100세를 살아야 하는 시대에 자신을 브랜딩하는 것만큼 중요한 것은 없다. 변화된 세상을 보고 놀라는 수동적 삶이 아니라 내가 먼저 변화된 세상을 이끌어가는 리더가 되고 싶다면 퍼스널 브랜딩 스피치를 통해 가치를 찾아 준비하고 기회를 만들어야 한다.

삶은 순간들의 합이다

습관을 보면 인생이 보인다

사소한 행동의 반복이 습관이 되고, 그 습관은 결국 한 사람의 인생에 그대로 드러난다. 그래서 아무것도 아니라고 생각한 것들이 모이면 어느새 새로운 삶으로 바뀌게 된다. 매일 조금씩이라도 책을 읽는 습관이 사고력을 높여주고, 꾸준히 하는 운동이 근육량을 늘려 건강을 지켜준다. 나는 매일 습관처럼 물을 2리터씩 꾸준히 마시면서 목 관리를 하곤 한다. 이처럼 순간들이 모여 만들어지는 것이 인생이다. 스피치 수업을 위한 독서 훈련에서 내가 강조하는 것도 '꾸준한 독서법'이다. 가랑비에 옷 젖듯이 매일 조금씩이라도 꾸준히 책 읽기를 권장한다.

여군으로 복무 중인 미선 씨는 평소에 책 읽기를 좋아한다. 그런데 퍼스널 브랜딩 스피치 수업을 받다 보니 독서만으로 만족하기에는 아쉬움이 있었다. 발표를 잘하기 위해서는 요약 정리하는 과정이 있어야 한다. 그래서 미선 씨는 수업을 받은 후부터 책을 읽을 때마다 요점을 정리해 3분짜리 원고로 만드는 훈련을 반복했다. 그리고 5분, 15분, 한 시간짜리 강의안을 만들었다. 이렇게 꾸준히 연습을 하다 보니 정말 프로 강사처럼 말을 잘하게 되었다.

미선 씨는 읽기 습관을 쓰기와 말하기까지로 발전시켜 멋진 스피커가 된 것이다. 그런 그의 습관은 두 딸에게도 전달되어 지금은 온 가족이 책을 읽고 토론을 한다고 한다. 가족의 독서 습관은 먼 훗날 두 아이의 인생까지 바꿔놓을 수 있는 초석이 될 것이다.

사소한 말버릇이 내 인생을 만든다

주변에 보면 유난히 긍정적 언어를 잘 쓰는 사람이 있는가 하면 부정적 언어를 자주 쓰는 사람도 있다. 그리고 긍정적 언어를 잘 쓰는 사람은 자연스럽게 감사의 마음을 갖고 산다. 그런데 시간이 지나고 보면 이 사소한 차이가 그 사람의 인생을 바꾸는 걸 보게 된다.

수강생 중에 몇 년 동안 감사 일기를 쓰는 순영 씨가 있다. 그녀는 일기를 쓸 때뿐만 아니라 평소에 말을 할 때도 언제나 감사하는 마음을 지니고 있었다. 그런 그녀가 한번은 스피치 수업에 그동안

썼던 감사 노트를 갖고 왔다. 벌써 여섯 권째 감사가 가득 들어 있는 노트를 보며 나도 행복함을 느꼈다. 순영 씨는 딸만 셋을 키운다. 그런데 막내가 자폐증이 있어 학교생활도 자유롭지 못하고 친구들과 어울릴 때에도 어려움이 있다. 그렇지만 순영 씨는 막내딸이 오히려 비장애인보다 더 행복하고 주변에 좋은 영향력을 미치는 사람이 될 것을 미리 감사하며 매일 감사 노트에 일기를 쓴다. 그녀는 자신이 매일 하는 기도가 모여 분명히 막내딸이 행복해질 거라고 믿는 것이다. 그리고 아이에게도 말버릇처럼 "너는 꼭 행복하고 건강하게 살 거야."라는 말을 해준다.

순영 씨는 모 대학에서 치매 노인들을 연구하는 일을 하는데, 긍정적 언어를 쓰는 어르신들은 그렇지 않은 분들에 비해 편안해 보인다고 이야기했다. 그래서 치매를 예방하기 위해서는 적극적인 사고를 키우는 것도 좋은 방법이라고 한다. 긍정적이고 적극적인 분들은 나이와 상관없이 간단한 컴퓨터 활용법이나 외국어 배우기, 책 읽기 등을 꾸준히 하며 몸과 마음을 건강하게 만든다고 한다. 이 모든 것들은 매일 반복하면 조금씩이라도 발전하게 된다. 그래서 '나도 할 수 있다.'라는 긍정적 생각을 키우게 되고, 긍정적 언어로 말하다 보니 스트레스를 덜 받을 뿐 아니라 주변 사람에게도 좋은 영향력을 미치며, 치매 예방에도 효과가 있다는 것을 깨닫는다고 한다.

순영 씨 자신도 이번 기회에 퍼스널 브랜딩 스피치를 통해 자녀들뿐만 아니라 주변 어르신들도 긍정적 언어를 사용하는 습관을 갖도록 하겠다고 다짐했다.

습관의 힘이 자신감을 키운다

스피치를 잘한다는 것은 어느 장소에서나 상황에 맞게 당당하고 여유 있게 자신의 의견을 전달할 수 있다는 것인데, 사실 자신감이 없으면 쉽지 않은 일이다. 자신감이나 자존감이 낮아지는 것은 자신에 대한 확신이 없기 때문이며, 스피치에서뿐만 아니라 어떤 경우에도 이를 극복하려면 노력을 해야 한다. 할 수 있다는 자신감, 하고 말겠다는 의지를 갖고 꾸준한 말하기 습관을 만들어야 스피치에서도 자신감을 갖게 된다.

자신감 있는 말하기를 위해서 자신의 언어 습관을 체크해보자.

〈말하기 습관 12가지 체크리스트〉

- 말을 할 때 사무적이고 자연스럽지 못하다.
- 듣는 사람의 눈치를 본다.
- 사람들과 눈을 못 맞추고 시선을 피한다.
- 말에 자신이 없고 말끝을 흐린다.
- 듣는 사람의 주의를 끌지 못하고 혼잣말을 자주 한다.
- 말하는 내용의 요점이 분명하지 않고 주제가 빈약하다.
- 말에 일관성이 없고 사설을 늘어놓는다.
- 말을 너무 빨리하거나 지나치게 느리게 한다.
- 발음이 분명하지 않고 우물거리며 말한다.
- 서서 말할 때 손 처리를 어색해한다.

- 제스처를 너무 많이 쓰거나 전혀 안 쓴다.
- 감정 없이 말을 하고 때론 작은 일에도 민감한 반응을 보인다.

위의 사항 중 한 가지만 해당되어도 스피치의 자신감은 떨어진다. 그러나 자신의 상태를 제대로 알고 꾸준히 개선하는 연습을 한다면 습관이 되어 자신감을 키우는 데 도움이 된다.

60세의 경호 씨는 플라스틱 주물 공장을 운영하는 사업가이다. 직원들과 회의를 할 때나 모임에서 말을 할 때 무슨 말을 해야 할지 잘 생각도 안 나고 발음도 정확하지 않아 고민하다가 내 수업에 왔다. 상담 결과 퍼스널 브랜딩 스피치 수업의 '정확한 발음 만들기' 과정이 도움이 될 것 같았다. 그래서 경호 씨에게 처음에는 책을 소리 내서 읽고 다음으로는 읽은 책을 요약해서 말로 표현하는 연습을 시켰다. 그리고 발음 훈련으로 교정용 기구를 입에 물고 매일 20~30분씩 반복하도록 했다.

그렇게 한 달 동안 하루도 빠지지 않고 연습하자 확 달라진 모습에 본인도 놀랐다. 그동안 지역에서 봉사활동도 꾸준히 했지만 자신감 없는 말솜씨 때문에 늘 소극적이었는데, 자신감이 생기니 이제 적극적으로 참여할 수 있게 되었다고 기쁜 얼굴로 말했다.

SPEECH

나의 언어 온도는 몇 도인가?

말투에 따라 달라지는 언어 온도의 차이

아무리 좋은 격려의 말이라도 목소리가 너무 딱딱하거나 명령투의 말을 사용하면 거부감이 들 수 있다. 본인의 의도가 그런 것이 아니더라도 말투에 따라 상대가 느끼는 온도는 분명히 달라진다.

유난히 지방 사투리를 심하게 쓰는 사람이 상담을 받으러 왔다. 그는 가끔 오해를 받는데 그 이유가 사투리 때문이 아니라 말투 때문인 것 같다고 했다. 대화를 나누다 보니 그의 말투는 정말 퉁명스럽고 빠르기까지 했다. 얼마 전에는 회사에서도 문제가 생겨 상벌위원회의 징계를 받았는데 자신의 잘못을 항변하는 과정에서도 퉁명스러운 말투 때문에 불이익을 당했다고 한다.

수업을 하면서 들어보니 정말 그동안 말 때문에 주변 사람들과 소통이 안 되었을 법하다. 최근에는 말투 때문에 아내와 말다툼까지 있었다. 그래서 말투를 고쳐야겠다는 생각이 들어 나를 만나러 온 것이었다. 그는 아무 생각 없이 뱉은 말이 자신은 물론이고 주변 사람들까지 힘들게 한다는 사실을 이제야 처음 깨달은 것이다. 이런 경우에는 말투를 녹음하여 들려주고 같은 말을 다른 억양으로 표현하게 한다. 본인이 들어도 자기의 말투가 퉁명스러운 것을 금방 느끼게 되니 의외로 단기간에 교정이 가능하다.

말은 사람의 마음속에서부터 나온다. 그래서 말 한마디가 상대의 마음을 열게 하는 따뜻한 말이 될 수도 있고, 마음을 닫게 하는 냉정한 말이 될 수도 있다. 특히 장년층은 리더나 윗사람으로서 나이가 어리거나 함께 일하는 직원들에게 많은 말을 하게 되는데, 이때 고압적이거나 지시적인 말을 사용한다면 상대는 결코 마음의 문을 열지 않을 것이다.

언어에는 확실히 온도가 있다. 그리고 꼰대의 언어는 결코 따뜻할 수 없다. 누구나 때론 따뜻하기도 하고 차갑기도 한 자신의 언어 온도를 자주 체크하면서 돌아볼 필요가 있다.

명령어를 부탁으로 바꿔보면 언어 온도가 달라진다

명령받는 걸 좋아하는 사람은 없다. 명령하는 말투는 사무적인 관계를 만들 뿐만 아니라 차가움까지 느끼지게 한다. 그래서 명령이나 지시적인 말 대신 권유나 부탁의 말로 바꾸면 확실히 분위기가 달라진다.

예를 들어보자.

| 말투의 차이 |

명령과 지시적인 말	권유와 부탁의 말
• 이번 휴가는 회사 규정상 8월 초로 정해졌으니 업무에 차질이 없도록 해주시기 바랍니다.	• 이번 휴가는 부득이하게 8월 초로 날짜를 맞추려고 합니다. 업무상 부득이 내린 결정이니 일정 조정이 가능하면 좋겠습니다.
• 오늘 회의에서 결정된 안건은 꼭 마치고 퇴근해야 합니다.	• 오늘 회의했던 결정 사항은 퇴근 전에 마쳐주면 내일 업무 시 차질이 없을 것 같습니다.
• 이번 워크숍은 4박 6일 해외 연수로 결정되었습니다.	• 이번 워크숍은 일정이 다소 길지만 미리 공지하니 불편하더라도 함께하면 좋은 시간이 될 것 같습니다.
• 보고서가 이게 뭐예요? 잘못되었으니 다시 해오세요.	• 이 보고서는 잘못된 부분이 있으니 수정해줄 수 있을까요?

위와 같이 같은 말이라도 명령이 아닌 부탁을 하면 상대는 거부감을 덜 느끼게 된다. 나도 가끔 집에서 청소를 할 때면 남편에게 도움을 요청한다.

"내가 요즘 글 쓰느라 마음이 바쁘고 시간이 없어요. 당신이 청소 좀 도와주면 도움이 될 것 같은데요."라고 말하면 그날은 집 안이 반짝반짝 빛이 난다. 같은 말도 부탁으로 표현하니 청소를 하고도 기분까지 좋아지는 모습을 볼 수 있었다.

미국의 시인이자 사상가인 랠프 왈도 에머슨(Ralph Waldo Emerson)은 이렇게 말했다.

"인생은 길지 않지만 예의를 생각할 수 있을 만큼은 길다."

상대에 대해 조금만 생각할 시간을 갖고 명령과 지시적인 말 대신 권유와 부탁의 말로 바꾼다면, 따뜻한 말이 되어 상대방을 기분 좋게 하고 일도 원하는 대로 이루어질 것이다.

따뜻한 말 vs 차가운 말

따뜻한 말은 배려하는 마음에서 나온다. 그래서 따뜻하게 느껴지는 말은 상대의 마음을 움직이고, 때론 감동을 주기도 한다. 굳이 미사여구나 장광설을 늘어놓지 않아도 진정성을 담은 말에서는 그 따뜻함이 그대로 전해오기 때문이다. 요즘 〈미스트롯〉의 송가인이 많은 사람들의 인기를 얻고 있다. 트로트를 좋아하는 사람들은 그녀의 개성 넘치는 노래도 좋지만, 인사부터가 남다르고 따뜻한 그녀가 좋다고 한다. "안녕하세요. 송가인이어라."라는 소개말은 꾸밈없는 전라도 억양 그대로이다. 대부분의 연예인들이 세련되고 잘 갖추어진 모습만을 보이는 반면, 송가인은 있는 모습 그대로 시청자들에게 다가오니 편안하고 따뜻하게 느껴진다는 것이다. 반면 차가운 말을 하는 사람들은 자신만의 방식으로 말을 한다. 자신의 모습은 감추고 상대에 대해서만 알려고 하다 보면 어느새 대화는 형식적이 되고, 속 깊은 대화를 나누지 못하게 된다.

나 또한 처음 만나는 분들에게는 특별히 더 신경 써서, 편안하고 신뢰감을 주는 따뜻한 말을 하려고 노력한다. 그런데 가끔 상담을 하다 보면 차가운 말투로 거리감을 느끼게 하는 사람들도 만난다. 하지만 진심을 담은 마음으로 상대의 말을 들어주고 내 이야기도 하다 보면 금세 말의 온도가 따뜻하게 올라가는 것을 느끼게 된다.

한번은 중소기업에서 인사팀장을 맡고 있는 50대 중반의 호섭 씨를 만났다. 그의 말투는 상당히 단호해서 상담을 하는 나조차 당황스러울 정도였다.

그는 대뜸 물었다.

"원장님, 제 말투가 명령적인가요?"

"본인 말투가 명령적이라는 걸 느끼셨나요?"

"그걸 느꼈으니까 여기까지 왔죠!"

그는 퉁명스럽게 대답했다. 호섭 씨와의 상담은 한 시간이나 이어질 정도로 길어졌다. 상담 후 수업이 시작되었는데 호섭 씨의 이야기에는 공감 가는 부분이 많았다. 그는 어릴 때 일찍 부모님을 여의고 어디 한 곳 의지할 데 없이 어렵게 살아왔다. 그런 삶 속에서 자신도 모르게 말투가 방어적으로 변했고, 필요한 말 이외는 하지 않게 된 것이다. 퍼스널 브랜딩 스피치 코칭을 받으면서 그는 그동안 누구에게도 말하지 못했던 마음속 이야기까지 풀어놓게 되었고, 자신의 말투가 얼마나 차가웠는지도 새삼 느끼게 되었다.

"원장님, 이런 말투로 계속 살았다면 진짜 꼰대가 될 뻔했는데요. 말투 하나 바꿨더니 주변 반응이 달라졌어요."

달라진 자신의 모습에 만족해하는 호섭 씨를 보니 온화한 말투가 얼마나 중요한지 새삼 느끼게 되었다.

중국 속담에 "차가운 밥은 먹을 수 있으나 차가운 말은 참기 어렵다."라는 말이 있다. 상대의 마음을 움직이는 따뜻한 말을 쓰는 당신은 '꼰대'가 아닌 행복한 리더가 될 수 있다.

SPEECH

독도 되고 약도 되는 말의 힘

말 한 마디가 주는 상처

"칼에 베인 상처는 아물어도 말에 베인 상처는 아물지 않는다."라는 말은 물리적인 상처와 정신적인 상처는 아픔의 차원이 다르다는 뜻이다. 그리고 아무 생각 없이 쉽게 뱉는 말이 누군가에게는 영원히 아물지 않는 상처가 될 수 있으니 항상 말조심을 해야 한다는 의미이다. 특히 윗사람일수록 아랫사람에게 신중히 말을 해야 하는데, 지위를 남용해 함부로 말하면 상대는 상처를 받고 마음의 문을 닫게 된다.

한마디의 말이 얼마나 중요한지를 교육하는 나도 얼마 전에 말 실수를 한 적이 있다. 나는 함께 근무하는 이 실장과 점심식사를 자주 한다. 메뉴 선택의 즐거움도 나누고 근무시간 이외에 사생활

이야기도 자유롭게 하면서 좋은 시간을 보냈다. 그런데 어느 날 식사 중에 손님이 찾아왔다는 전화가 왔다. 멀리서 찾아와 기다리고 있다는 말에 나는 먼저 급하게 식사를 마치고 나오면서 "실장님은 천천히 식사하고 와요."라고 했다. 그런데 잠시 후 실장도 바로 따라 들어오는 것이 아닌가. 이 실장은 평소에 천천히 식사하는 습관이 있는데, 그날은 거의 식사를 하지 못하고 온 것이다. 그 후 두세 번 같은 일이 생기니 왠지 같이 식사하는 걸 불편해했다.

여유 있게 속 얘기도 할 수 있는 둘만의 시간을 나의 급한 행동과 배려심 없는 말 때문에 놓치게 된 것이다. 얼마 뒤 이 실장은 남편의 지방 발령으로 이사를 해야 해서 사직하게 되었다. 지금 생각하면 찾아온 손님을 기다리게 할 수도 있었는데, 굳이 대충 식사하고 먼저 가버린 내 모습이 실장에게 좋은 이미지는 아니었을 것 같다는 생각이 든다.

주변에 보면 자칭 '소신파'가 있다. 이 '소신파'는 스스로 바르다고 생각하는 말은 꼭 하곤 한다. 그런데 이런 사람은 여러 사람이 모인 자리에서도 자기주장이 강하고 부정적인 말을 자주 한다. "그게 되겠어?", "생각보다 어려울걸.", "내 생각에는 안 될 것 같아."라는 말로 분위기를 다운시킨다. 한편 어쩌다 누군가 자랑을 하거나 좋은 일이 생겼다고 하면, 꼬투리를 잡아서 별로 안 좋게 평가하려는 성향이 있는 사람도 말 습관을 고칠 필요가 있다. 자신도 모르는 사이에 말 한마디로 당신이 평가받고 있다는 사실을 빨리 깨우쳐야 '꼰대'가 되지 않을 수 있다.

훈계나 자기 의견을 말할 때도 있는 그대로 평가하고 설명해야지, 과장하거나 자기 소신만 고집하면 그 말은 오히려 독이 될 수 있다.

SNS 댓글도 독이 될 수 있다

미디어가 발달하다 보니 요즘은 상대를 모르는 상태에서도 정보 교환이나 대화를 하게 된다. 많은 사람들이 쓰고 있는 유튜브, 블로그, 페이스북 등 가상공간에서 많은 커뮤니케이션이 이루어지는데, 부정적이고 배려심 없는 댓글이 문제가 되고 있다. 본인은 순간 느낀 감정을 별생각 없이 쓴다고 하지만 이런 댓글은 독이 되어 누군가에게는 죽음을 부르게 할 수도 있다. 실제로 이런 일이 종종 일어나는데, 대중의 인기를 먹고 사는 연예인 중에는 부정적인 댓글 때문에 극단적인 선택을 하거나 활동을 중단하는 경우도 있다.

격려의 말이 아닌 지나친 비난은 삼가는 것이 좋다. 아무리 표현의 자유가 있다 해도 상대에게 피해를 줄 만큼의 표현은 그 자체로 언어폭력이며 누군가의 목숨을 위협할 만큼의 독이 되기 때문이다. 또 단체 카톡 방이나 밴드 등 SNS를 이용한 소통 공간에서도 분위기에 맞는 댓글과 상대방 의견을 존중하는 배려가 필요하다. 일방적인 공격적 표현이나 비난하는 댓글은 독이 되어 관계가 소원해질 수도 있고, 나쁜 감정이 생길 수도 있다.

진정성이 담긴 말은 인생을 바꾸는 디딤돌이 된다

누군가에게 관심을 갖고 진심이 담긴 칭찬을 한다면 그 말은 충분히 영향력을 미쳐 상대의 변화를 이끌어낼 수 있다. 어린 시절부터 이어져온 나의 독서 습관도 어머니의 칭찬 덕분이다. 우리 어머니는 시골에서 농사일로 지칠 때마다 자식들이 책을 읽는 모습을 보고 위안을 삼았다. 5남매를 키우면서 직접 모내기를 하고, 거름을 주고, 잡초도 뽑으면서 논일과 밭일로 고생을 하셨는데 유일하게 위로받는 순간이 자식들이 모여 앉아 숙제를 하거나 공부를 할 때였다고 한다. 그래서 어머니는 늘 "너희들이 책을 보고 있으면 힘이 난다."라는 말을 자주 하셨다. 이런 소리를 듣고 자라서인지 나는 성인이 되어서도 책 읽기를 즐겼고, 그 후 음악을 전공하면서도 1년에 100권 책 읽기를 꾸준히 실천했다.

음악학원을 운영할 때 만났던, 책 읽기를 유난히 좋아했던 민건이라는 아이가 기억난다. 처음 만났을 때 초등학교 5학년이었던 민건이는 피아노를 치러 오면서도 꼭 책을 몇 권 들고 왔다. 성격도 쾌활하고 피아노 치는 것도 좋아했는데 유독 책 읽기에 관심이 많았다. 커갈수록 민건이는 점점 소설, 인문학, 자기계발서, 고전에 이르기까지 꾸준히 책을 읽었고, 나는 그 모습을 볼 때마다 칭찬을 아끼지 않았다.

"민건이는 분명히 훌륭한 사람이 될 거야. 좋은 책을 많이 읽으면 사고력이 넓어져서 사물을 보고 판단하는 능력이 달라지거든. 그래서 나는 민건이가 우리나라를 빛내는 사람이 될 거라고 믿어."

꾸준히 책을 읽는 민건이가 기특하기도 하고 정말 이 아이가 잘 될 거라고 믿고 싶은 마음도 있어서 그렇게 틈날 때마다 칭찬을 했던 것이다. 그런데 시간이 한참 지난 후 민건이의 부모님과 우연히 만날 기회가 있었다. 부모님은 민건이가 내 얘기를 하더라고 전했다. 음악학원 원장님이 어릴 때 자기에게 대한민국을 빛내는 사람이 될 거라고 했는데, 그 말이 늘 기억에 남았다고 말이다.

그렇게 책 읽기를 좋아했던 민건이는 Y대 의대를 졸업하고 골반뼈 이식 수술을 전문으로 하는 정형외과 전문의가 되었다. 그리고 세계 최고의 인명사전인 '마르퀴즈 후즈 후 인 더 월드(Marquis Who's Who in the world)' 2016년 판에 등재되었다. 물론 자신의 노력으로 오늘날 대한민국을 빛내는 훌륭한 의사가 되었지만, 한편으로는 진심 어린 나의 마음이 조금이나마 전달된 것 같아 뿌듯했다.

약이 되는 말은 인간관계도 끈끈하게 만든다

몸이 건강할 때는 약을 먹지 않는다. 몸에 이상이 생겨 치료를 할 때 먹는 것이 약이다. 우리도 살다 보면 때로는 삶이 지치고 힘들 때가 있다. 그럴 때 마음이 통하는 사람의 위로나 격려의 말은 그 어떤 약보다 좋은 치료제가 된다. 또한 상대의 마음을 이해하고 공감해준다면 이 격려의 말이 좋은 인간관계로 발전하는 계기가 되기도 한다. 하지만 때로는 쓴 약도 필요할 때가 있다. 지금 당장은 불편하고 힘들지만 시간이 지나면 약효를 볼 수 있는 말이 있다. 운동선수들은 금메달을 목표로 훈련을 하는데, 이때 감독이나 코치들은 선수들이 힘든 걸 알면서도 훈련을 시키느라 독한 말을 하기도 한다.

그런데 훈련을 시킬 때도 독한 말보다는 부드러우면서도 약이 되는 말로 표현하고 싶은 마음에 찾아온 수강생이 있었다. 그는 아마추어 축구 감독이었는데, 훈련을 시킬 때 짧지만 선수들의 마음을 움직이는 말을 하고 싶다고 했다. 그래서 나는 진심으로 선수를 위하는 마음으로 말하면 된다고 조언했다.

사람은 누구나 안다. 애정이 담긴 말은 순간 독하게 들릴지라도 시간이 지나면 진심이 느껴지고 상대를 변화시킨다는 사실을. 이런 마음이라면 어떤 선수도 감독의 쓴소리가 감정 때문이 아니라는 것을 알고, 시합이 끝나도 평생 잊을 수 없는 끈끈한 인간관계를 유지하게 될 것이다.

SPEECH

말로 표현하면 고정관념이 깨진다

고집이 소신은 아니다

가끔 주변에서 남들은 다 고집이라고 생각하는데 본인은 '소신'이라고 말하는 경우를 본다. 사람이 사는 모습은 누구나 상황과 환경에 따라 다르다. 그러므로 자신만의 틀 안에서 살다 보면 생각이나 행동에 고정관념이 생기게 된다. 지금이야 세상이 바뀌면서 많은 고정관념이 깨지고 있지만 여전히 우리는 많은 고정관념 속에서 살아간다. 예를 들면 "치마는 여자만 입는 것인가?"라는 질문을 해보면 "그렇다."라는 대답이 나온다. 아무리 더워도 우리 사회에서는 특별한 경우를 빼고는 남자가 치마를 입지 않는다. 또 얼마 전까지만 해도 직장인 남성들은 넥타이를 매는 것이 당연했다. 하지만 요즘은 특별한 자리가 아니면 오히려 넥타이를 매지 않는다.

고정관념은 나도 모르는 사이에 자리를 잡아 나를 지배한다. 그러므로 자신이 어떤 고정관념을 갖고 있는지 살펴볼 필요가 있다.

얼마 전에 어린이집을 운영하는 S 원장을 코칭했다. 아내가 운영하던 어린이집을 부득이한 사정으로 남편인 자신이 인수하게 된 것이다. 그는 평소 자신은 남 앞에서 말하는 것이 무척 어렵다는 고정관념을 가지고 있었다. 그래서 어린이집 운영을 맡고 첫 인사 겸 학부모 회의를 시작했는데 얼마나 떨었는지 모른다고 했다. 손에 땀이 흥건히 고이고 자신이 무슨 말을 했는지도 전혀 기억이 나지 않는다고 하소연했다. 단상에 오르기 전까지만 해도 '소신껏 말하면 되겠지.'라는 막연한 생각이었는데, 말하기에 자신이 없다는 고정관념이 떠올라 긴장하게 됐고, 결국 더듬거리며 대충 얼버무리고 단상에서 내려오고 말았다. 50대 중반인 S 원장은 자신이 대중 앞에서 이 정도로 말을 못할 줄 몰랐다며 답답해했다.

나의 퍼스널 브랜딩 스피치 수업에는 '자기암시 프로그램'이 있다. S 원장의 경우는 자신감을 키우고 스스로를 돌아보는 이 과정으로 수업이 시작되었다. 원고도 써보고 영상도 찍으면서 4주에 걸친 프로그램을 열정적으로 마친 그는 완전히 다른 사람으로 변했다.

"원장님, 이렇게 빨리 변할 줄 몰랐습니다. 고맙습니다. 곧 있을 학부모들과의 만남이 더 이상 두렵지 않고 은근히 기다려집니다."

그의 목소리는 자신감으로 가득 차 있었다.

아는 만큼 보이고, 느낀 만큼 깨닫는다

누군가가 "자신을 얼마나 아는가?"라는 질문을 던진다면 선뜻 대답하기가 어려울 것이다. 특히, 100세 시대를 살아야 하는 우리에게는 주변 사람들과의 소통이 더욱 중요한 일이 되었다. 나이 차이가 많이 나는 사람들과도 함께 살아가야 하므로 자신을 알아가는 노력이 반드시 필요하다. 이때 자신을 돌아보고 자신만의 고정관념이 무엇인지를 안다면 새로운 깨달음도 생길 것이다.

나는 가끔 어떤 일이 생기면 '이건 고정관념이 아닌가?' 하고 생각해본다. 상황을 거꾸로 돌아보려는 노력도 한다. 그러다 보면 보이지 않던 게 보이고, 생각의 범위도 달라진다.

'왜?'라고 질문하는 습관도 있다. '왜?'라고 반문해보면 전혀 예상치 못했던 것들이 떠올라 새로운 아이디어를 경험하기도 한다. 그리고 당연한 것을 낯설게 보게 되며 자신을 알아가는 데에도 도움이 된다. 고정관념을 깬다는 것은 자신을 돌아보는 것에서부터 출발하는 것이다.

생각을 깬다는 것은 또 다른 세상을 향해 나가는 것이다

10년이면 강산도 변한다는 말은 이제 옛날이야기가 되었다. 1년 만에도, 아니 불과 몇 개월 만에도 세상이 확확 바뀌고 있다. 이런 변화는 주변에 흔히 있다.

얼마 전까지만 해도 책은 종이책으로만 읽었는데 지금은 전자책이 생겨났고, 사람을 만나 차를 주로 마시던 카페가 이젠 스터디룸으로 사용되기도 한다. 명절이나 기념일 선물도 직접 찾아가지 않고 택배로 보내고, 모바일 쿠폰으로 마음을 전하는 경우도 많다. 옛날에는 직장에서 상사가 먼저 퇴근하기 전에는 부하 직원들이 눈치를 보느라 퇴근을 못 했지만, 요즘은 자기 일만 마치면 제시간에 아무렇지 않게 퇴근한다.

스피치와 웅변도 마찬가지이다. 옛날에는 원고를 써서 달달 외우고 대중 앞에서 큰 소리로 외쳤다면, 이제는 일방적으로 외치는 말보다는 말하는 사람과 듣는 사람의 소통이 우선시되는 스피치가 더욱 중요하게 생각된다.

우리의 생각도 끊임없이 변하는 세상에 따라 바뀌어야 한다. 이처럼 빠르게 바뀌는 세상에서 나 혼자만 과거의 방식을 고집한다면, 새로운 세상을 향해 나가는 데 걸림돌이 될 수 있다.

호만 씨는 직장생활 20년차이다. 회사에서는 연월차 제도가 있지만, 그는 연말이 다 되어가도록 제대로 여행 한번 못 갔고 연차를 쓸 수 있는 날짜가 그냥 남아 있다고 한다. 그런데 아래 직원들이 언제든 자유롭게 연차를 쓰고 여행도 다니고 취미생활도 즐기는 걸 보면 부럽다고 한다. 그도 워라밸을 강조하면서 삶과 일의 균형을 맞추는 게 진정한 행복이라는 이야기를 주변에서 듣지만, 공휴일 이외에는 여전히 꼬박꼬박 출근한다. 그러던 호만 씨가 퍼스널 브랜딩 스피치 수업 시간에 '삶과 일'이란 주제로 발표를 했다. 자신은 그동안 열심히 출근해야 주변 동료들에게도 피해를 안 주고 일도 열심히 하는 것이라는 고정관념이 있었는데, 이제 좀 더 여유를 갖고 후배들과 자유롭게 대화도 하고 그들의 삶도 이해하면서 내 삶도 즐겨야겠다고 생각했다는 것이다. 이렇게 젊은 세대의 다양성을 인정하다 보면 자신의 고정관념에서 벗어나 또 다른 생활을 즐길 수 있다.

우연히 라디오 방송에서 "박사가 박사다우면 더 이상 틀을 벗어나지 못한다."라는 말을 듣게 되었다. 이 말은 한 분야에만 몰두해 집중하다 보면 다양한 시각을 갖지 못하고 좁은 분야에만 한정되는 고정관념이 생긴다는 것이다. 그런데 그가 다른 분야에까지 능력을 갖추면 그는 한 분야의 박사라는 고정관념에서 벗어나 다른 분야의 일까지 잘하게 된다.

지인 중에 공학박사인 최 교수도 그런 사람이었다. 그는 학교에서 강의를 열심히 하면서도 기술거래사, 사회복지사, 소방시설관리사 등 다양한 자격증을 취득하며 늘 새로운 공부를 게을리하지 않는다. 왜 그렇게 늘 공부를 하느냐고 물었더니 "세상이 너무 빠르고 다양하게 변하고 있어요. 꼰대로 살지 않으려면 고인 물이 돼서는 안 되죠. 그래서 저는 죽을 때까지 공부하려고요."라고 말했다. 전공 분야뿐만 아니라 다양한 분야에 도전하는 그는 고정관념을 깨고 미래를 열어가는 선구자이다.

내 수업의 첫 시작은 책을 읽고 느낀 점을 말로 해보는 것이다. 그런데 주로 수업을 들으러 오는 장년층은 오랜만에 책을 읽는 경우가 많다. 평소에 습관이 되지 않은 책 읽기는 집중도 안 되고 내용도 기억이 나지 않는다. 억지로 읽어보지만 눈으로만 훑을 뿐이다.

하지만 신기하게도 퍼스널 브랜딩 스피치 수업을 하면서 내용을 말로 표현하는 연습을 하고 나면 조금씩 내용도 떠오르고 책이 주는 의미를 깨닫게 된다. 이렇게 시작한 독서는 스피치를 잘하기 위해서도 필요하지만 고정관념을 가진 자신을 돌아보는 데 좋은 역할을 한다.

3장

떨지 않고 말하는 10가지 스킬

SPEECH

열심히 말하는데 왜 전달력이 떨어질까?

디테일한 설명이 쉽게 전달된다

스피치의 핵심이자 필수조건은 전달력이다. 아무리 많은 말, 좋은 말을 해도 상대에게 전달되지 않으면 의미가 없다. 그래서 말을 잘 전달하기 위한 방법 중 하나로 디테일하게 하는 것을 강조한다. 2019년 영화 〈기생충〉으로 제78회 칸 영화제에서 황금종려상을 탄 봉준호 감독은 스피치의 달인이라고 한다. 봉 감독의 영화 시나리오는 어찌나 디테일한지, 한 번 읽고 나면 전체의 스토리라인이 그려질 만큼 전달력이 확실하다고 한다. 그는 절대 대충 두루뭉술하게 써놓고 알아서 연기하라고 말하지 않는다. 이런 디테일은 배우들에게 신뢰감을 주고 감독으로서의 의사 전달력을 극대화해준다.

그렇다면 디테일한 스피치 화법이란 무엇일까? 그것은 바로 그림 그리듯 하는 말하기이다. 그림을 그릴 때는 먼저 무엇을 그려야 할지 생각하고 전체 구도를 잡는다. 그리고 표현하고자 하는 내용에 따라 명암도 넣고 색의 조화도 고려한다.

말하기도 마찬가지이다. 자신이 할 말을 먼저 대주제로 생각하고 이것을 세분화하여 소주제를 만든다. 그리고 소주제에 들어갈 내용들을 넣는다. 이때 '7 words rule' 기법을 사용하면 좋다. 7 words rule 기법이란 내용에 들어갈 단어를 일곱 개 정도 미리 생각해두는 방법이다. 예를 들면 '행복'이라는 키워드를 설명하려면 이에 어울리는 커피, 만남, 설렘, 추억, 기차, 강물, 하늘 등 행복했던 순간들을 떠올리며 연상되는 단어를 써보는 것이다. 그냥 말하는 것보다 이 단어들을 잘 조합해 감정을 넣어 표현하면 훨씬 디테일한 말하기가 되고 전달력도 확실해진다.

말의 흐름이 분명해야 전달력이 생긴다

최근에 한 모임에서 만나 친해진 교수가 있다. 그분의 경력은 정말 화려하다. 유럽에서 석사학위를 받고 미국에서 박사학위를 받아 학력부터가 남달랐다. 졸업 후 귀국해서 대기업에 입사했고 20여 년을 요직에서 근무하다가 지금은 모 대학의 교수가 되었다.

그런데 우연한 기회에 그의 강의를 듣게 되었는데 말의 흐름이 전혀 맞지 않았다. 그는 자신의 사회생활 경험담을 열심히 말하다가 갑자기 출신 학교 이야기를 했고, 다시 회사 이야기로 돌아왔다. 강의 내용은 매우 다채로웠지만 대체 무슨 말을 하고 있는지 열심히 귀를 기울여도 도통 감이 오지 않았다. 강의가 끝나고 그와 차를 마실 자리가 생겼다.

"교수님, 강의에서 하고 싶었던 이야기가 뭔가요?"

"그냥 제가 경험한 것을 편하게 이야기했는데, 뭐가 잘못됐나요?"

그는 내가 스피치를 가르치는 학원장이라는 걸 의식했는지 어색한 미소로 반문했다.

"교수님은 좋은 대학, 좋은 직장에서 풍부한 경험이 많으신데 오늘 강의에서는 명확한 흐름이 없어 아쉬웠어요. 예를 들면 학교에서 어떻게 공부해서 박사가 되었고, 그 실력을 인정받아 대기업에 입사하게 된 경위, 어떤 노력으로 지금 대학교수가 되었는지 디테일하게 설명하면 듣는 사람들에게 잘 전달될 것 같아요."

"그렇군요. 그냥 편하게 이야기하면 되겠지, 하고 막연하게 생각했는데 역시 준비 없이 말한 게 문제였네요."

살짝 얼굴을 붉혔지만 그분은 분명히 앞으로 어떻게 하면 자신의 말이 상대에게 잘 전달될지 고민하고 말할 것이다.

전달력을 확실히 하는 강조법도 있다

말의 전달력을 높이는 다른 방법으로는 강조법을 활용하는 것도 있다. 밋밋하고 포인트 없이 말을 하면 지루하고 의미 전달도 잘 안 된다. 그래서 말의 고저장단과 멈춤, 강약을 적당히 활용하여 강조할 부분을 강조한다. 한마디로 말의 리듬을 타는 것이다. 노래가 아름다운 이유는 정확한 리듬과 박자가 목소리를 통해 감정 전달로 이어지기 때문이다. 아무리 좋은 원고를 만들어도 이런 리듬 강조법을 무시하면 전달력이 떨어지게 마련이다.

또 같은 말도 어느 부분을 강조하느냐에 따라 의미가 달라진다. 아래의 문장에서 각각 굵은 부분을 강조해보면 전달력이 확실히 달라지는 걸 느끼게 된다.

나는 오늘 운동장에서 신나게 공을 찼습니다.

나는 **오늘** 운동장에서 신나게 공을 찼습니다.

나는 오늘 **운동장에서** 신나게 공을 찼습니다.

나는 오늘 운동장에서 **신나게** 공을 찼습니다.

나는 오늘 운동장에서 신나게 **공을 찼습니다.**

이렇게 같은 문장도 어디를 강조하느냐에 따라 느낌이 각각 다르게 전달된다.

위의 문장을 읽을 때 해당 부분을 강하게 하는 높임 강조를 쓴다면 반대로 목소리를 낮춰서 하는 강조법도 있다.

그녀가 떠난 가을은 유난히 **쓸쓸합니다.**

사랑이 떠난 자리는 **아픔이 남게 됩니다.**

계속되는 실패에 그는 **좌절감에 빠졌습니다.**

불경기로 인해 자영업자들이 **한숨을 쉽니다.**

강약이 들어간 말은 생동감이 있고 강조 효과도 있다. 여기에 멈춤까지 자연스럽게 활용한다면 전달력의 효과는 한결 좋을 것이다.

인사말 잘하는 법

단체장이나 조직의 임원이 되어 인사말을 하기 위해 급히 도움을 받으러 오는 사람들이 있다. 이런 경우에는 먼저 인터뷰를 하고 상황에 맞는 원고를 작성한다. 그러면 처음에는 무슨 말을 할지 몰라 당황하다가도 원고 내용이 만들어지면 금방 스피치가 잘될 것처럼 기대하게 된다. 그런데 막상 말하기 단계로 들어가 원고를 자연스럽게 표현하려면 너무 어려워한다.

이럴 때 내가 코칭하는 것이 '인사말 잘하는 법'이다. 단계별로 정리해보면 다음과 같다.

<단계별로 살펴본 인사말 잘하는 법>

• 1단계: 발표자가 말해야 하는 장소와 청중을 머릿속에 그리

게 한다.

- 2계: 발표자의 입장이 어떤 상황인지 분위기를 이미지화한다.
- 3단계: 식순과 시간까지 체크한 후 원고를 여러 번 읽게 한다.
- 4단계: 마지막으로, 원고를 보지 않고 비슷한 내용으로 발표하게 한다.

이렇게 하면 원고를 토씨 하나까지 모두 외워서 말하는 방법에서 벗어나 자연스러운 말하기가 된다. 그리고 강조하고 싶은 부분에서는 잠시 멈추고, 조금 강하게 또는 약하게 말하면 전달력이 확실해진다. 이것은 짧은 시간 안에 멋진 인사말을 하고 자신감도 생기게 하는 아주 간단한 방법이다.

평소에 남 앞에서 말할 기회가 없다고 생각되어 말하기에 관심이 없다 해도 수십 명, 때로는 수백 명 앞에서 갑자기 말할 기회가 생길 수도 있다. 이런 상황이 되면 누구나 당황하여 사양하거나 미루게 되는데, 이때도 용기를 내어 말을 해보자. 결국 우리가 남 앞에서 하는 말하기는 자신의 경험이나 노하우를 말하는 것이므로 생각만큼 어려운 것은 아니다.

어니스트 헤밍웨이(Ernest Hemingway)는 이렇게 말했다.

“어떤 사람이라도 제대로 살면 한 권의 소설 감이다.”

자기가 살아온 경험과 가치를 잘 전달하여 말하면 그것이 바로 나만의 퍼스널 브랜딩 스피치가 되고, 능력을 인정받을 수 있는 기회도 될 수 있다. 사람은 누구나 인정받고 싶은 본능을 가지고 있다. 하지만 아무리 명예가 있고 사회적인 직함이 있어도 자신의 인생관이나 경험이 말로 표현되지 않으면 주변에 좋은 영향력을 미칠 수 없고 가치도 인정받을 수 없다.

세계적으로 유명한 TED 강의만 보더라도 출연한 강사들은 자신의 경험을 잘 소화하고 전달해서 수많은 사람들에게 희망과 용기를 주고 행복한 사회를 만들어가고 있지 않은가.

표정이 만드는 확실한 이미지 효과

마음 상태는 고스란히 표정에 드러난다

첫 만남의 순간은 대개 표정을 통해 호감과 비호감으로 나누어진다. 아무런 이해관계가 없더라도 밝은 표정만으로 '저 사람 참 괜찮은 것 같은데.'라는 마음이 생기기도 하고, 반면 외모를 잘 가꾸었어도 표정이 어둡거나 무뚝뚝하면 거리감이 생긴다. 이런 사람들은 대부분 말도 딱딱하고 부정적이기 때문이다. 이처럼 말과 표정은 같은 방향을 바라보는 경우가 많다. 이렇게 중요한 표정을 무시한 채 말만 열심히 하려고 한다면 스피치 효과를 제대로 발휘하기 어렵다.

심리학자이자 스피치학을 연구한 앨버트 메라비언(Albert Mehrabian) 박사는 사람이 대화에서 상대방으로부터 받는 이미지는 표정이나 자세, 제스처 같은 비언어적 시각 요소가 55퍼센트를 차지하고, 청각 요소인 목소리가 38퍼센트를 차지하며, 말의 내용은 7퍼센트에 불과하다고 한다. 그만큼 내가 원하는 내용을 잘 전달하기 위해서는 말보다 오히려 비언어가 중요하고 그중에 으뜸은 '표정'이라고 한다.

나 역시 처음 만난 사람들의 표정을 보고 어느 정도 상대의 심리를 파악한다. 그리고 몇 마디 말을 나누다 보면 자연스럽게 속마음까지 알게 된다.

종호 씨는 50대의 나이로, 강원도 출신이다. 그는 경영대학원을 졸업하고 대기업에 취업했고 아무런 문제 없이 승진을 거듭해, 잘나가는 중견 간부까지 되었다. 그러던 어느 날 정년이 얼마 안 남았다는 생각이 들었을 때 그는 명퇴를 결심했다. 종호 씨가 다니는 회사는 누구나 다 아는 대기업이어서, 자신이 갈 계열사나 관련 업종 하나 찾는 것쯤은 어렵지 않을 것이란 생각에서였다. 퇴직 후 창업을 선택한 그는 처음 2~3년은 그런대로 잘나갔다. 그런데 그가 선택한 업종이 바닥 마감재였고, 모든 공사의 마지막 단계이다 보니 거래처가 자금 부족을 이유로 결제를 미루기 시작했다. 결국 회사 사정이 어려워졌고 부도를 맞게 되었으며, 어쩔 수 없이 개인 파산 신청까지 하게 되었다.

그렇게 하루하루가 너무 힘들고 어려운 상황에서 지인의 소개로 그와 나의 만남이 이루어졌다. 그의 첫 이미지는 한마디로 잿빛이었다. 상담 중에 간간이 한숨도 들려왔다. 불과 몇 년 사이에 천

국과 지옥을 오간 그의 인생은 고스란히 얼굴 표정에 드러났고, 그의 심리 상태도 보였다.

상담을 하는 동안 그는 누구에게도 말하지 못했던 속상한 마음을 풀어놓았다. 그리고 "첫 만남이지만 편안하게 들어주셔서 속에 있는 이야기를 다 하니 시원하네요."라며 한결 부드러워진 말투와 표정을 보였다. 나는 그에게 물었다.

"종호 씨, 최근 거울에 비친 자기 모습을 본 적 있나요?"

"없습니다. 거울을 들여다볼 겨를이 없었어요. 제 표정이 많이 엉망이죠?"

"네, 앞으로 표정 관리 훈련 좀 해야겠어요."

표정은 현재 나의 심리 상태나 마음가짐, 주어진 환경으로 만들어진다. 나는 종호 씨를 코칭하면서 현재의 마음 상태나 답답했던 일들을 한 가지씩 풀어내는 말하기 훈련을 했다. 그래서일까? 그는 때로 이야기 도중 감정을 억제하지 못하고 울컥하기도 했다. 그러나 코칭을 거듭할수록 목소리가 밝아졌고 표정도 점점 부드러워졌다. 영상을 찍어 스스로 변해가는 모습을 느끼는 셀프 피드백(self feedback)을 통해 그런 변화를 스스로도 확인할 수 있었다.

퍼스널 브랜딩 스피치는 자신의 가치를 찾는 것이다. 아무리 힘들고 어렵더라도 누구나 숨어 있는 가치는 있다. 이 수업을 통해 종호 씨는 긍정의 마음과 밝은 표정을 되찾았다. 그러다 보니 자기 말에 자신감도 생겼고 이제라도 자신이 할 수 있는 작은 일부터 시작하겠다고 결심하면서 퍼스널 브랜딩 스피치 수업을 마무리했다.

상황에 맞는 표정 만들기

표정으로 만들어진 첫인상이 사회생활과 대인관계에 얼마나 큰 영향을 미치는지는 누구나 잘 알 것이다. 타고난 생김새야 어쩔 수 없다지만 노력으로 만들어지고 관리되는 표정은 사회생활과 인간관계에서 성패를 결정지을 만큼 중요하다. 그래서 표정은 상황과 분위기에 따라 자연스럽게 변화되어야 한다. 표정 속에는 그 사람이 하고자 하는 말이 드러나기 때문이다.

한번은 너무 밝은 표정 때문에 고민하는 영삼 씨를 만났다. 그는 첫 대면부터 호감이 가는 이미지였다. 어디서 본 듯한 느낌이랄까? 아는 사람인가? 할 정도로 금방 가깝게 느껴졌다. 그 이유는 웃는 모습 때문이었다.

영삼 씨는 어릴 때 7남매의 막내로 태어났다. 시골이지만 집안 살림은 넉넉했고 형제들 사이도 유난히 좋았다. 특히 부모님은 막내아들을 귀하게 생각하셨고, 그는 행복한 성장과정을 보냈다. 그래서 그의 표정에는 늘 여유와 밝음이 묻어났다. 그는 대학을 졸업하고 애견 관련 사업을 시작했다. 그런데 사업을 하다 보면 갑이 될 때도 있고 을이 될 때도 있다. 그의 고민은 협상을 해야 하는 과정에서도 진지한 표정이 잘 안 된다는 것이었다. 가끔은 오해를 받기도 하고 심지어 표정 때문에 협상이 결렬될 때도 있었다고 한다. 이렇게 밝은 표정이 때론 장애물이 되다니 참 아이러니했다. 하지만 충분히 그럴 수 있다. 나는 그에게 표정근 푸는 연습을 시켰다. 입꼬리를 아래로 내리거나 조음기관을 이용해 자유롭게 다양한 표정을 만드는 연습을 하도록 했다.

"원장님, 표정도 노력해보니 자연스럽게 만들어지네요. 이젠 표정과 말이 일치할 수 있으니 자신감이 생깁니다."

이처럼 표정 관리만 잘해도 자신이 원하는 분위기와 인간관계를 만들 수 있다.

자신의 감정을 가장 솔직하게 드러내는 표정은 특히 가까운 사이일수록 신경을 써야 한다. 억지로 감정을 숨길 필요까지는 없지만 때로는 적당한 포커페이스가 상대에 대한 배려가 될 수 있다.

조금 다른 이야기이지만, 말과 관련하여 꼭 주의했으면 하는 사항이 하나 있다. 바로 '구밀복검(口蜜腹劍)'을 조심해야 한다는 것이다. 이는 입으로는 달콤한 말을 하나 뱃속에는 칼을 품고 있다는 뜻으로, 사회생활에서 이런 사람을 만나면 큰 곤경에 빠질 수 있다. 그러므로 표정과 함께 상대가 하는 말의 진심을 잘 파악하는 노력도 필요하다는 것을 반드시 기억해야 한다.

결국 사람은 말과 표정이 하나가 될 때 솔직한 사람으로 인식되고 신뢰도 얻을 수 있다. 그리고 이렇게 형성된 신뢰감은 더없이 좋은 인간관계를 만들어준다.

SPEECH

아이 콘택트로 상대방을 사로잡아라

시선으로도 상대의 마음을 읽는다

낯선 사람과 처음 대면하면 짧게라도 상대방을 보게 된다. 나도 상담을 하러 오는 사람들을 만나면 눈빛에 관심이 많다. 그러다 보니 자연스럽게 눈을 보고 상대방을 파악하게 되었다. 첫 만남이라도 편안한 눈빛으로 상대를 잘 바라보는 사람이 있고, 눈을 어디에 둘지 몰라 불안해하는 사람도 있다.

스피치를 잘하려면 단순히 말뿐 아니라 다양한 비언어적 요소도 제대로 갖춰야 하는데, 특히 중요한 것이 바로 '눈 맞춤'이다. 그래서 미국의 시인 랠프 왈도 에머슨은 "사람의 눈은 혀만큼이나 많은 말을 한다."라고 말했다.

시선 맞춤의 효과가 사람들에게 얼마나 영향을 미치는지 확인하기 위해 실험한 것을 TV에서 본 적이 있다. 한 팀은 처음 만난 두 사람이 한 시간 동안 산책을 하면서 서로 눈을 보고 말하게 했고, 다른 팀은 각자 앞만 보고 걷게 했다. 실험 결과, 서로 눈을 보고 말한 사람들은 더 많은 정보를 나누었고 호감까지 느끼게 되었다. 반면 눈을 보지 않고 말을 한 사람들은 그때까지도 서먹서먹해했고, 서로에 대해 별로 아는 것도 없었으며 친밀감도 생기지 않았다. 이처럼 상대방과 소통하고 이해하는 데 빠져서는 안 되는 것이 '눈 맞춤'이다.

40대 초반의 미혼인 수용 씨를 코칭한 적이 있다. 시간이 꽤 지났는데도 지금까지 기억에 남는 건 그의 눈 맞춤 때문이다. 수업을 하면서 사연을 들어보니 그는 어릴 때부터 유난히 컴퓨터 게임을 좋아했다고 한다. 자연히 혼자 있는 시간이 많아졌고 대인기피증도 생겼다. 그는 농협 마트에서 배달 일을 하고 있는데 여가 시간이 생기면 주로 게임을 했다. 그러다 부모님의 소개로 여자친구를 만났고, 결혼 적령기를 넘긴 나이여서 양가에서는 서둘러 결혼 날짜를 잡고 예식장도 예약했다. 그런데 결혼을 한 달 앞두고 갑자기 파혼 통보를 받았다. 이유는 수용 씨가 자신감이 없고 눈을 전혀 마주치지 않는다는 것이었다. 상대방은 시간이 지나면 나아질 것이라고 생각했지만, 그는 오히려 눈을 마주치지 않으려고 점점 더 고개까지 숙였던 것이다. 예비 신부가 여러 번 이야기했지만 고쳐지지 않았고, 게다가 대화도 잘 통하지 않아 결국 파혼을 당하고 말았다. 그런 아들 때문에 고민이 되었던 수용 씨 부모님이 아들에게 자신감을 키워주고 눈 맞춤의 중요성을 깨우쳐주기 위해 스피치 수업을 받게 한 것이다.

"수용 씨는 언제부터 눈 맞춤이 안 됐다고 생각하나요?"

"저는 어릴 때부터 친구들과 노는 것보다 혼자 게임하는 게 더 편했어요. 그래서 눈을 맞추고 대화해본 적이 거의 없어요."

"그럼 친구 관계는 어떤가요?"

"친구들과 어울린 적이 거의 없어요."

"이번에 여자친구와 헤어지게 된 것은 왜 그런지 생각해봤나요?"

"여자친구를 만나면 잘해주고 싶은데……. 상대의 눈을 보고 말하는 게 어려워서 소통이 안 된 것 같아요."

나는 수용 씨의 눈 맞춤 수업을 위해 제일 먼저 고개를 들고 거울을 보게 했다. 스스로와의 눈 맞춤을 시도한 것이다. 다음은 자연스럽게 미소를 짓고 표정의 변화를 느껴보게 했고, 나와 눈을 맞추는 것도 연습했다. 대화를 하면서도 시선은 나를 보게 했다. 처음에는 어색하고 어려워했지만 그는 점점 부드러운 미소를 띠게 되었다. 집에서도 가족들과 대화할 때는 눈을 보게 했고, 일을 할 때도 상대방을 쳐다보고 말하는 습관을 강조했다. 수용 씨는 파혼의 충격 때문인지 정말 열심히 노력했고 점점 눈 맞춤도 자연스러워졌다.

"원장님, 어렵기만 했던 눈 맞춤도 노력하니 바뀌네요. 이젠 자신감도 생기고 사람 만나는 것도 어렵지 않아요."

스피치 수업을 마치고 당당해진 수용 씨의 모습에서 눈 맞춤만 잘해도 상대의 마음을 얻을 수 있다는 것을 느꼈다.

시선 처리가 잘되면 신뢰감도 생긴다

퍼스널 브랜딩 스피치 수업에는 '당당한 시선 만들기' 과정이 있다. 사람들이 대중 앞에서 말을 할 때 가장 불안하게 만드는 요소가 바로 사람들의 눈빛이다. 대중의 시선이 자신에게 집중되면 더 긴장되고 여유가 없어진다. 하지만 자신이 먼저 상대방의 시선을 사로잡는 훈련을 하면 청중을 자신 있게 볼 수 있고 긴장감도 사라진다. 시선 처리만 잘해도 스피치가 당당해진다.

독자들도 혼자 해볼 수 있는 시선 처리 연습 방법을 소개해보겠다.

〈시선 처리 연습 방법〉

- 1단계 : 전신 거울에 가까이 서서 자기 눈을 쳐다본다. 감정을 드러내지 않고 스스로에게 말을 걸어본다.
- 2단계 : 부드럽게 미소 지으면서 시선 맞춤을 유지한다. 이때는 더 집중하면서 시선의 강도와 표정의 변화를 느껴본다.
- 3단계 : 복식호흡을 하면서 거울을 보고 시선 처리의 범위를 넓혀본다. 좌우상하로 움직이면서 시선의 방향도 점검한다.
- 4단계 : 금방 만난 모르는 사람이라도 대화를 나누면서 시선 맞춤을 해본다. 똑바로 쳐다보기가 어색하면 미간이나 인중을

본다.

• 5단계 : 가족이나 친구, 직장 동료와 말을 할 때는 오래 눈 맞춤 연습을 해본다.

불안감, 수줍음, 어색함이 눈으로 표현되면 스피치를 잘하기 어렵고 듣는 사람도 불안하게 만든다. 제대로 된 시선 처리는 말하는 사람에게 자신감을 주고, 듣는 사람에게는 소통과 신뢰감을 주어 스피치에 좋은 영향을 미친다. 위의 방법으로 간단하게 집에서 혼자 연습을 하는 것만으로도 시선 처리에 여유가 생긴다.

진정한 리더십은 눈빛에서 나온다

영화나 드라마에 나오는 주인공들을 보면 한결같이 눈빛이 살아 있다. 잘나가는 조직의 리더들도 눈과 입을 통해 자신의 생각이나 의견을 사람들에게 제시한다. 그러나 다 그런 것은 아니다. 퍼스널 브랜딩 스피치 수업을 받으러 오는 사람들은 대부분이 다른 이들 앞에서 말을 하거나 조직을 이끌어가는 사람들인데, 이 부분에 변화를 주고 싶어 교육을 받는다.

한번은 건설협회 회장님을 코칭했다. 젊어서부터 건설 현장에서 일한 그는 목소리도 크고 거침이 없어 보였다. 하지만 50여 명 되는 직원들 앞에서 인사말을 하는 것에도 자신이 없어, 간단하게 형식적으로 하고 끝낸다고 한다. 그러나 이번에 7,000여 개의 회원사를 둔 협회 회장을 맡게 되었다. 단체장이 됐으나 자신감 있는 스피치가 안 되어 나를 찾아온 것이었다.

수업을 시작하면서 그는 속마음을 털어놓았다.

"원장님, 저는 사람들의 시선이 느껴지면 울렁증이 생기고 머리가 하얘져요. 제 기억으로는 한 번도 대중 앞에서 제대로 말해본 적이 없어요. 나이를 먹어도 여전한데, 지금이라도 스피치 교육을 받으면 말을 잘할 수 있을까요?"

"많이 힘드셨겠네요. 타인의 시선이 느껴질 때 불안한 것은 심리적인 요소가 작용해서 그래요."

"앞으로 기자들도 만나서 우리 협회의 여러 가지 상황을 대변하기도 해야 하는데 잘할 수 있을지 걱정됩니다."

나는 박 회장에게 심리적인 안정감을 키우는 방법으로 청중이나 상대를 재미있고 편안한 마음으로 바라보라고 했다. 청중은 내가 한 말을 평가하는 사람들이 아니라 그냥 들어주는 사람들이라고 생각하면 훨씬 마음이 편안해질 거라는 말도 했다. 이 방법은 실제로 나폴레옹 보나파르트(Napolleon Bonaparte)가 사용했던 방법이다. 유럽을 제패했던 그도 한때는 대중 앞에서 말하기가 두려워, 자기 앞에 서 있는 병사들이 팬티만 입었다고 상상하며 마음에 여유를 만들어 두려움을 극복했다는 이야기가 있다. 이처럼 시선 처리의 두려움을 극복하려면 심리적인 안정감을 먼저 느껴야 한다.

얼마 전에 박 회장으로부터 전화가 왔다.

"원장님, 말씀대로 나폴레옹이 사용했던 방법을 응용해봤더니 이제는 시선 처리가 한결 편해졌어요. 정말 감사합니다."

그의 리더십은 퍼스널 브랜딩 스피치 '당당한 시선 처리' 과정을 통해 자연스럽게 만들어졌다. 그렇게 모든 수업을 마친 그는 자연스러워진 시선 처리 덕분에 기자들을 만나도 당당하게 인터뷰를 할 수 있었고, 회장으로서의 리더십도 잘 발휘하게 되었다.

이처럼 눈 맞춤은 입으로 하는 말보다 더 많은 느낌이나 마음을 전달할 수 있다. '눈은 마음의 창이다.'라는 말이 있다. 그리고 창문은 안에서 열어야 더 편하고 자연스럽게 열린다. 그러므로 눈 맞춤은 상대보다는 내가 먼저 해야 한다.

SPEECH

목소리를 디자인하라

발음과 발성이 잘되면 스피치가 잘 들린다

퍼스널 브랜딩 스피치에서 중요한 또 한 가지는 '신뢰'이다. 정확하고 안정된 목소리는 믿음을 주고, 스피치 전달력에도 도움이 된다. 특히 자신감 있고 파워 있는 말하기를 하려면, 안정적이고 상대에게 편안하게 들리도록 강약이나 멈춤, 고저장단, 빠르기를 잘 살려서 소리를 내는 '목소리 디자인'을 해야 한다. 이는 복식호흡을 통한 기본적인 발음·발성 연습을 통해 할 수 있다.

기본적인 발음·발성의 시작은 조음기관을 잘 풀어 입안에서 울리는 공명으로 목소리를 내는 것이다. 조음기관이란 입, 턱, 혀, 볼 등 입 주변의 근육을 말하는데 이 부분을 부드럽게 이완시켜 연습하면 발음과 발성을 하는 데 도움이 된다.

조음기관을 푸는 방법을 따라 해보자.

<조음기관 푸는 방법>

- '오, 아' 발음을 연습한다. 이때 입 모양을 동그랗게 만들어 턱이 위아래로 움직이게 소리를 내야 한다.
- 혀로 '똑딱똑딱' 소리를 10회 이상 연습한다.
- 목소리로 '똑딱똑딱' 소리를 내면서 10회 이상 반복한다.
- 입술에 힘을 빼고 푸르르르 떨기를 여러 차례 반복한다.
- 입안에 바람을 빵빵하게 넣고 볼 근육을 좌우 위아래로 움직인다.

이렇게 조음기관을 풀고 말을 하면 혀가 꼬이거나 발음이 흔들리지 않는다. 상대에게 잘 전달되는 목소리를 만들려면 조음기관을 푸는 연습부터 시작하자.

10년 젊음을 유지하는 목소리의 비결

목소리만으로도 어느 정도 사람의 나이를 짐작할 수 있다. 나도 전화 상담을 하다 보면 웬만큼 상대방의 나이를 파악할 수 있는데, 가끔은 통화 목소리가 실제 나이보다 훨씬 젊게 느껴지는 경우가 있다. 이럴 땐 목소리에도 색깔이 있다는 것을 느끼게 된다. 경쾌하고 밝은 목소리는 얼굴을 보지 않아도 왠지 자신감이 있고, 호감이 가며, 젊게 느껴진다. 반면에 기운 없고 무거운 톤을 가진 목소리는 상대방까지 우울하게 만들며 올드한 느낌까지 준다. 특히 장년층은 퍼스널 브랜딩 스피치를 통해 사회에 영향을 미치는 말을 할 기회가 많을 것이다. 주변 사람들에게 용기와 희망의 메시지를 전달하려면, 건강하고 생동감 있는 목소리 관리가 필요하다. 이를 통해 자신의 나이보다 10년 젊은 목소리를 만들어보자.

은정 씨는 40대 중반의 직장인이다. 처음 전화 상담을 할 때 수업 안내를 위해 연령대를 묻곤 하는데, 분명 그녀의 목소리는 30대 초반으로 들렸다. 한참을 상담하다가 그녀의 나이를 알고 나서 깜짝 놀랐다. 목소리가 너무 생동감 있고 젊게 들려서 그 비결을 물으니 물을 자주 마시고, 한여름을 제외하고는 목 보호를 위해 항상 스카프를 두른다고 한다. 그러고 보니 그녀의 스카프 패션은 목소리 보호와도 연관이 있었다.

이 밖에도 목소리의 젊음을 유지하는 방법들을 소개해본다.

〈목소리의 젊음을 유지하는 7가지 방법〉

- 말을 할 때 자세는 반듯하게 하되 편안하게 유지하라. 몸이 불안하면 목소리도 불편하게 들린다.
- 입을 살짝 크게 벌리면 정확한 발음이 나온다. 노래 부르듯이 입을 조금 크게 벌려라.
- 평소 자기 목소리보다 반음 정도를 올려라. 확실히 생동감

있게 들린다.

- 고음을 자제해야 목소리가 날카롭게 들리지 않고 편안한 느낌을 준다.
- 음성 관리를 위해 과로하지 않고, 충분히 휴식해야 윤기 있는 목소리가 된다.
- 발음 하나하나를 반듯하게 하고 말끝을 분명하게 마무리하라.
- 물을 충분히 마셔서 성대의 건조함을 없애라.

세상에 공짜는 없다. 날씬하고 건강한 몸매를 유지하기 위해서는 식단을 조절하고 운동을 해야 하듯이 목소리의 젊음을 유지하기 위해서도 끊임없이 노력해야 한다.

내 목소리의 개성을 살려라

지구상에 존재하는 70억의 인구는 저마다 다른 목소리를 갖고 태어났다. 그러나 많은 사람들이 자신의 목소리에 불만을 갖는다. 특히 녹음이나 영상을 찍어 자신의 목소리를 들으면 대부분의 사람들은 자기 목소리가 아닌 것 같다고 어색해한다. 그렇다면 왜 자신이 듣는 자기 목소리와 녹음된 목소리가 다를까? 그 이유는 직접 자기 목소리를 들을 때는 공기의 진동뿐만 아니라 자기 몸이 진동하는 것과 함께 듣게 되기 때문이다. 그런데 녹음된 목소리는 청각으로만 듣게 되므로 다르게 들린다.

내 목소리는 허스키하다. 강의를 하다가 청중들에게 가끔 "제 목소리가 연예인 중에 누굴 닮았나요?"라고 물으면 사람들은 "박경림 씨요."라고 대답한다.

나는 "그래도 제가 박경림 씨보다는 조금 부드럽지 않나요?"라고 웃으며 농담을 한다.

나도 한때는 허스키한 목소리가 불만일 때가 있었다. 그러나 허스키한 목소리를 살려 판소리 한 대목쯤은 거뜬히 소화하는 모습을 보면 이런 목소리도 개성 있는 목소리가 아닌가 생각하게 되었다. 한편 긴 시간 강의를 해도 목소리에 변함없이 같은 톤을 유지할 수 있으니 감사하다. 물론 가끔 목이 아플 때도 있지만 그럴 땐 목을 쉬어주거나 물을 꾸준히 마시면서 성대를 보호하면 된다.

말을 하거나 노래를 할 때 소리를 크게 내면 성대에 무리가 가는 것은 당연하지만 너무 작은 소리를 내는 것도 좋은 발성법은 아니다. 작은 목소리는 성대에 울림을 주지 않고 소리를 내기 때문에 이 또한 성대에 무리가 간다. 편안하고 좋은 목소리 톤을 유지하기 위해서는 늘 목소리에 관심을 가져야 한다.

목소리는 다른 사람을 흉내 내거나 따라 한다고 해서 그대로 되는 것은 아니다. 그러니 자기 목소리의 개성을 살려 건강하게 유지하고 관리하는 것이 중요하다.

좋은 목소리 관리를 위해 각자 자가 진단을 해보자.

<목소리 자가 진단 리스트 10>

- 목소리에 힘이 없고 소리가 작다.
- 목이 쉽게 지치고 때론 통증이 느껴진다.
- 목소리 톤이 유난히 높거나 낮아서 듣는 사람이 불편해한다.
- 목소리 톤이 맑지 않고 탁해서 듣기가 거북하다.
- 조금만 긴장하면 목소리가 떨리고 더듬거린다.
- 목소리에 생동감이 없어 지루하게 들린다.
- 말의 속도가 너무 빠르거나 느리다.
- 말투가 딱딱하고 툭툭 내뱉는 느낌을 준다.
- 비음이 많이 섞여 콧소리가 난다.
- 사투리가 심해 상대방이 잘 못 알아듣는다.

위의 내용에 한 가지라도 해당된다면 올바른 발성법을 통해 관리를 하고 말하는 습관을 고쳐야 한다. 호흡을 통한 발성법은 다음 장에서 소개하겠다.

자기만의 개성을 유지하는 목소리에 관심을 갖고 상하지 않도록 보호하고 노력하면 좋은 목소리와 젊음을 유지할 수 있다. 특히 퍼스널 브랜딩 스피치에서 목소리는 신뢰감과 믿음을 주는 중요한 요소이다.

SPEECH

호흡 조절을 잘하면 긴장감이 사라진다

불안감을 없애주는 복식호흡

퍼스널 브랜딩 스피치를 잘하고 싶다면 긴장감을 없애야 한다. 그래야 여유 있는 마음이 생기고 자신감을 가질 수 있다. 하지만 스피치가 익숙하지 않은 사람이라면 누구나 긴장하게 되고 숨이 가빠지며 호흡이 불안해진다. 이를 해결하는 방법 중 하나가 복식호흡이다. 복식호흡은 특히 말을 해야 되는 상황에서 불안을 해결하는 데 큰 도움이 된다.

호흡은 숨을 들이마시고 내뱉는 과정인데, 이때 성대의 떨림을 통해 소리가 나오고 이 소리는 공명을 통해 발음으로 표현된다. 우리가 평소에 자연스럽게 숨을 쉬는 방법은 흉식호흡이고, 의식적으로 배에 숨을 넣어서 호흡하는 것이 복식호흡이다. 스피치에서 복식호흡을 중요하게 생각하는 것은 2가지 이유 때문이다.

첫 번째, 긴장감 완화에 도움이 된다. 발표 차례가 돌아오기를 기다리거나 발표 준비가 안 됐을 때, 청중들 중에 부담스러운 높은 분이 있을 때, 평가받는 자리이거나 시간 제약이 있을 때 사람들은 긴장하게 된다. 이때 막연히 불안해하지 말고 복식호흡을 해보면 긴장감이 사라지는 것을 느낄 것이다.

두 번째, 발음과 발성 연습을 할 때도 복식호흡이 필요하다. 목에서 나는 소리가 아닌 배에서 나오는 소리는 공명이 생겨 울림이 좋을 뿐만 아니라 성대에 무리를 주지 않아 목소리 보호에도 효과적이다.

긴장감은 사라지고 여유 있는 말하기를 할 수 있는 복식호흡 방법을 소개한다.

〈여유 있는 말하기를 할 수 있는 복식호흡 방법〉

- 1단계 : 편안한 상태에서 코로 천천히 8초 정도 숨을 들이마시면서 숨이 서서히 들어오는 것을 느껴본다.
- 2단계 : 배로 들어온 호흡을 아랫배와 괄약근에 힘을 준 상태에서 4초 동안 멈춘다.
- 3단계 : 입을 벌리고 목구멍을 연 상태에서 '아' 소리를 내면서 천천히 호흡을 뱉는다.
- 4단계 : 호흡을 멈추지 말고 숨이 남아 있지 않을 때까지 끝까지 뱉고 다시 들이마신다.

처음에는 호흡이 잘 들어가지도 않고 길게 내뱉는 것도 어렵다. 하지만 여러 번 반복하면 호흡량이 늘어나는 것을 느끼게 된다. 이 호흡법이 익숙해지면 다른 방법도 시도해보자.

먼저 허리를 곧게 세우고 어깨에 힘을 뺀 상태에서, 한 번에 입을 크게 벌리고 '헉' 소리와 함께 최대한 많은 양의 호흡을 들이마신다. 그 상태에서 4초 정도 멈췄다가 '스~으' 소리를 내면서 천천히 내뱉는다. 이 방법도 복식호흡을 하는 데 도움이 된다.

발성 연습이 잘되면 발음도 달라진다

스피치 발표에 대한 불안한 감정은 발음을 꼬이게 하고 말을 더듬게 만든다. 이를 극복하기 위해 발성과 발음 연습을 해보자. 자신감 없이 기어들어가던 목소리가 힘차게 나오고, 잘 들리는 발음을 만들어낼 수 있다.

한글은 자음 19개와 모음 21개로 이루어져 있다. 자음과 모음을 하나하나 발음하며 기초 훈련부터 해보자.

〈자음 연습하기〉

ㄱ기역 ㄴ니은 ㄷ디귿 ㄹ리을 ㅁ미음 ㅂ비읍 ㅅ시옷 ㅇ이응
ㅈ지읒 ㅊ치읓 ㅋ키읔 ㅌ티읕 ㅍ피읖 ㅎ히읗 ㄲ쌍기역 ㄸ쌍디귿
ㅃ쌍비읍 ㅆ쌍시옷 ㅉ쌍지읒

<모음 연습하기>

아 야 어 여 오 요 우 유 으 이 애 얘 에 예 와 왜 외 워 웨 위 의

자음 모음을 각각 발음하는 연습을 해봤다면 이번에는 조합해서 연습할 차례다.

<자음과 모음 조합해서 연습하기>

발음하기 전에 조음기관을 풀어주고, 입을 크게 벌리고 연습한다. 앞부분은 한 음씩 띄어서 연습하고, 뒷부분은 붙여서 연습한다.

가-개-기-고-구 **가개기고구**
나-내-니-노-누 **나내니노누**
다-대-디-도-두 **다대디도두**
라-래-리-로-루 **라래리로루**
마-매-미-모-무 **마매미모무**
바-배-비-보-부 **바배비보부**
사-새-시-소-수 **사새시소수**
아-애-이-오-우 **아애이오우**
자-재-지-조-주 **자재지조주**
차-채-치-초-추 **차채치초추**
카-캐-키-코-쿠 **카캐키코쿠**
타-태-티-토-투 **타태티토투**

파－패－피－포－푸　**파 패 피 포 푸**

하－해－히－호－후　**하 해 히 호 후**

위와 같이 한 글자씩 읽으며 훈련하면 좀 더 정확한 발음을 하는 데 도움이 된다. 이때 복식호흡이 된 상태에서 하면 더 또렷하게 발음할 수 있다.

스피치를 잘하려면 패턴부터 익히자

스피치에도 길이 있다

하늘을 나는 비행기도, 바다를 운항하는 배에도 보이지는 않지만 항로가 있듯이, 스피치에도 길이 있다. 맛깔스럽게 이야기하는 사람들을 보면 그들 나름의 패턴을 갖고 있다. 그에 반해 스피치를 힘들어하는 사람들은 이 패턴을 잘 모른다.

내게 상담을 하러 오는 사람들의 이야기를 들어보면 자신은 말의 흐름이 분명하지 않고 횡설수설하게 된다는 것이었다. 패턴을 모르고 생각나는 대로 하고 싶은 말을 그냥 하다 보면 이러한 결과가 나타난다.

길을 닦는 것과 스피치는 닮았다. 길을 만들려면 먼저 도면이 있어야 한다. 어느 지점에 어떤 넓이와 길이로 길을 낼 것인지 결정하는 것이 우선이다. 그리고 각종 도구를 이용해 산을 지날 때는 터널을 만들고, 강 위에는 교량을 놓는다. 기본적인 도로 형태가 갖추어지면 갓길을 정리하고 도로 위에 아스팔트 콘크리트를 깐다. 마무리로는 신호등과 함께 속도제한 표지판을 만들어 사람들이 안전하고 편안하게 길을 이용하도록 한다.

스피치도 길을 내는 도로공사와 흡사하다. 먼저 어떤 말을 할지 주제를 정하는 것으로 시작해야 한다. 그리고 주제를 설명할 수 있는 에피소드를 찾는다. 그다음으로는 청중을 파악하고 강의 장소, PPT 자료, 마이크 등 강의에 필요한 도구를 점검하고 나서 청중 속으로 들어간다. 이야기를 하면서도 신호에 따라 멈출 때, 달릴 때를 잘 파악하고 이를 준수한다. 이렇게 자연스러운 패턴으로 스피치를 하면 자기만의 길이 생기고, 어디에서든 말하기가 즐거워진다.

패턴을 활용한 3분 스피치

스피치에서 3분은 긴 시간일까? 짧은 시간일까?

상황에 따라 다르겠지만 처음 스피치를 배우러 오는 사람들은 3분 스피치가 이렇게 길 줄 몰랐다며 힘들어한다. 그러나 퍼스널 브랜딩 스피치에서 '핵심 있는 3분 스피치' 수업을 집중 훈련하다 보면 3분이 어렵지 않게 금방 지나간다. 왜 그럴까?

그것은 바로 스피치의 패턴을 아는 것과 모르는 것의 차이 때문이다. 패턴을 알고 자유롭게 3분을 말하면 10분, 30분, 한 시간 강의도 그 패턴에서 좀 더 내용을 늘리면 되므로 수월하다. 스피치를 어려워하는 사람들은 이 패턴을 알지 못하는 것이다.

3분 스피치의 패턴은 서론, 본론, 결론으로 구성된다.

서론에서는 인사와 함께 자신이 발표할 주제를 가벼운 부연 설명과 함께 시작하면 된다. 서론부터 장황하게 늘어놓는 사람이 있는데, 그것은 패턴에서 벗어난 화법이다.

본론은 자신이 말하고자 하는 주제를 설명하면 된다. 이때 반드시 필요한 것이 키워드를 잡는 것이다. 3분 스피치에서는 대부분 세 개 정도의 키워드를 잡게 되는데 이때 키워드는 운전할 때의 내비게이션처럼 방향을 안내해주는 역할을 한다. 그리고 키워드 설명은 반드시 주제와 연관시켜 발표를 해야 한다.

결론은 지금까지 설명한 내용들을 키워드 순으로 요약 정리하면 된다. 듣는 사람에게 자신이 한 말을 한 번 더 강조하는 느낌으로 키워드를 정리하고 마무리하며 끝인사를 한다. 이렇게 3분을 핵심 있게 말하면 패턴을 살린 훌륭한 말하기가 된다.

말하기에도 황금 비율이 있다

앞에서 설명한 3분 스피치의 서론, 본론, 결론 기법도 황금 비율을 적용해야 빛난다. 황금 비율이란 시간을 균형 있게 배분하는 방법이다. 3분 스피치를 기준으로 볼 때 서론에는 15~25초를 사용하면 좋다. 본론은 120초 정도로 하되, 주의할 점은 세 개의 키워드에 골고루 시간을 분배해야 한다는 것이다. 한 키워드당 40초 정도로 균형 있게 사용한다. 하나의 키워드에만 시간을 많이 할애하면 말이 길어지거나 서두르게 된다. 마지막 결론에는 35~45초를 쓰는데, 이때 키워드에 대한 부연 설명을 해주고 마무리 시간으로 활용하면 된다.

황금 비율을 잘 활용하면 어떤 말을 해도 귀에 쏙 들어오는 스피치를 할 수 있다.

스크립트를 활용하면 스피치가 쉬워진다

방송을 보면 사회자들이 한 손에 메모지를 들고 말을 하는데 그것이 바로 스크립트이다. 스크립트의 크기는 A4 용지 4분의 1 정도가 적당하다. 너무 크면 청중의 시선을 방해하기 때문이다. 스크립트에는 주제를 적고 키워드와 함께 핵심 단어를 적는다. PPT 자료가 없을 경우에는 외우기 힘든 통계수치, 고유명사, 인용문을 적는다.

이때 주의할 점은 이야기의 내용을 순서대로 적어야 자연스러운 흐름이 된다는 것이다. 또 너무 많은 내용을 적는 것은 곤란하다. 말을 할 때는 청중에게 최대한 시선을 주고, 스크립트는 참고용으로만 자연스럽게 활용할 수 있도록 내용을 미리 숙지하고 있는 것이 좋다.

퍼스널 브랜딩 스피치 수업을 진행하다 보면 처음에는 말하기가 어려워 쓰여진 원고를 보고 발표하는 사람이 있다. 그는 A4 용지에 가득 쓰인 내용을 읽는 것으로 발표를 대신하는데, 짧고 간단한 내용을 담은 스크립트를 활용해야 훨씬 정리도 잘되고 세련된 말하기를 할 수 있다.

성공하는 말하기는 키워드를 잘 잡아야 한다

지금까지 설명한 모든 방법도 결국은 어떤 키워드를 잡느냐에 따라 달라진다. 요리를 할 때도 메뉴를 정해놓고 어떤 재료를 사용하느냐에 따라 전혀 다른 맛이 나듯, 주제가 정해지면 그에 맞는 키워드를 선정해야 한다.

예를 들어 '건강해지는 방법'이란 주제로 3분 스피치의 키워드를 잡는다면 이에 따른 키워드는 '균형 잡힌 식사하기', '매일 꾸준히 걷기', '긍정적인 생각하기'가 될 수 있다. 이렇게 하면 건강이라는 주제에 어울리는 키워드를 잡은 것이다. '성공의 조건'이란 주제에 적당한 키워드는 '원만한 대인관계 갖기', '약속 잘 지키기', '목적 있는 삶 살기' 등이다.

주제와 잘 어울리는 키워드는 스피치를 자신 있고 명쾌하게 만든다. 그러나 사람들이 스피치 수업에서 가장 어려워하는 것이 바로 키워드를 잡는 것이다.

"원장님, 주제와 연관된 키워드가 떠오르질 않네요."

열 명 중 여덟아홉 명은 이렇게 말한다. 그러나 주제와 연관된 키워드는 주변에 너무 많다. 그동안의 경험을 바탕으로 자신만의 에피소드를 떠올리고 단어로 만들어보자. 이때 키워드는 너무 어렵거나 멋진 단어보다는 누구나 쉽게 알아듣는 내용으로 하는 것이 가장 좋다.

제스처를 보면 자신감을 알 수 있다

스피치를 잘하는 사람은 제스처도 자연스럽다

제스처는 발표 내용이나 상황에 맞는 말을 더 확실하게 해주는 효과가 있다. 한마디로 말에 악센트를 주거나 포인트를 찍는 행동이 제스처이다. 자신감 있게 말을 잘하는 사람들은 자연스러운 제스처를 청중을 몰입시키는 도구로 활용한다. 하지만 제스처는 생각처럼 쉽게 되지 않는다.

비언어적 표현 방법 중 표정이나 눈 맞춤이 어느 정도 된다 해도 제스처가 자연스럽지 않으면 몸이 경직되어 스피치가 자신 없어 보인다. 퍼스널 브랜딩 스피치를 잘하려면 자신감과 유연성을 골고루 갖춰야 하는데, 이를 표현하기에 적당한 도구가 바로 제스처이다. 말의 내용이 좋고 능숙한 스피치를 할 때, 세련된 행동으로 제스처까지 조화를 이룬다면 금상첨화이다.

하지만 대부분의 사람들은 청중 앞에서 말을 하려면 '무슨 말을 하지?', '어떻게 말을 하지?', '내 말이 설득력이 있을까?', '청중의 반응이 안 좋으면 어떻게 하지?'라는 생각을 먼저 하게 된다. 이렇게 내용만 먼저 생각하다 보니 정작 중요한 제스처는 나중으로 미루게 된다. 그래서 제스처를 잘하는 것이 어렵다. 그러나 스피치 전문가들은 한결같이 비언어적 표현인 표정, 시선 처리, 제스처의 중요성을 강조한다. 이제부터라도 제스처를 잘 섞어 말과 함께 표현해보자.

〈제스처 잘 쓰는 방법〉

- 말의 내용과 어울리는 제스처를 사용한다.
- 양손과 발에 균형이 잡힌 동작을 해야 한다. 손이나 발이 한쪽으로 치우치면 어색해 보인다.
- 말과 행동이 동시성을 이루어야 한다. 말에 맞는 제스처가 나와야 하는데, 의외로 말의 내용과 상관없는 제스처를 쓰는 경우도 많다.

조금만 관심을 갖고 연습하면 능숙하게 제스처를 할 수 있다. 그러나 말도 어려운데 어떻게 제스처에까지 신경을 쓰나? 하고 생각한다면 스피치의 생동감은 사라진다.

<제스처의 구체적인 표현법>

- 자신을 말할 때 : 오른손을 펴서 왼쪽 가슴에 얹는다.
- 다른 사람들을 가리킬 때 : 한쪽 손만 문이 있는 방향을 가리킨다.
- 청중을 말할 때 : 두 손을 펴서 양쪽으로 벌린다. 이때 손바닥은 각도를 세우고 천장을 향한다.
- 크다 : 양팔을 옆으로 크게 벌린다.
- 작다 : 엄지와 검지의 간격을 만들어 표현한다.
- 숫자를 셀 때 : 한쪽 손을 펴서 얼굴 높이로 하고 엄지부터 한 개씩 꼽으면서 첫째, 둘째, 셋째를 말한다.
- 생각하다 : 한쪽 검지손가락만 펴서 머리에 댄다.
- 결심이나 다짐을 할 때 : 한쪽 손 주먹을 쥐고 올려 앞으로 나갔다 제자리로 온다.
- 나눔을 말할 때 : 양손을 가슴으로 모았다가 옆으로 자연스럽게 펴준다.

위와 같은 방법을 잘 활용하다 보면 말에도 더욱 자신감이 생길 것이다. 거울을 보고 내용에 맞는 표정과 제스처를 써보자. 확실히 달라진 모습이 보일 것이다.

다음은 제스처를 잘 사용했을 때 나타나는 효과를 살펴보자.

<제스처의 효과>

- 말하는 사람이 자신감이 생긴다. 입으로뿐만 아니라 몸이 같

이 움직일 때 자연스러움과 함께 적극적인 말하기가 된다.

- 긴장감과 불안함이 없어져 여유 있는 말하기를 할 수 있다.
- 청중의 시선을 집중시켜 몰입의 효과를 만든다.
- 말의 내용 전달이 분명해진다.
- 청중의 입장에서는 신뢰감을 갖게 된다.

이처럼 적당하게 쓰는 제스처는 자신감 있는 말하기로 이어져 더욱 이미지를 좋게 한다.

퍼스널 브랜딩 스피치 수업을 하다 보면 가장 어려워하고 놓치기 쉬운 부분이 바로 제스처를 사용한 말하기이다. 그러나 조금만 관심을 갖고 노력하면 금방 익숙해지고 신뢰감을 더하게 된다.

제스처를 잘하려면 자세도 중요하다

자세가 바르면 제스처가 더 돋보이고 편안한 느낌을 준다. 강사나 화자가 의자에 앉아서 기다리는 순간부터 연단으로 이동하는 순간까지 이미 몸으로 말이 시작되었다고 보면 된다. 그러니 순서를 기다릴 때에도 허리와 어깨를 펴고 준비된 자세를 갖춘다.

단상에 오르면 청중을 향해 인사를 하는데, 연단이 있을 경우 한 걸음 뒤로 물러나 마이크가 머리에 닿지 않도록 조심하며 고개를 숙인다.

연단이 없을 때는 남자는 다리를 편안하게 벌리고 손은 가볍게 주먹을 쥐고 바지 재봉선에 붙인 상태에서 고개를 숙인다. 여자는 다리를 모으고 왼발은 1시 방향을 가리키도록 서면 세련되어 보인다.

준비된 스피치에 제스처를 섞어 자연스럽게 말하고 마무리 인사까지 차분하게 한다. 마지막으로 천천히 걸어서 연단을 내려오면 비로소 스피치가 끝난 것이다.

제스처 중 하나인 인사법도 중요하다. 인사는 청중과 만나는 첫 이미지이므로 공손하고 편안하게 예의를 갖춘다. 가끔 입으로만 "안녕하세요?"라고 하는 사람이 있는데, 동양 문화권인 우리나라에서는 고개를 숙여 인사하는 방법이 아직은 익숙하다.

제스처는 말에 리듬을 주는 행동이다

제스처 없이 말만 한다면 얼마나 지루하고 단조롭겠는가? 말을 할 때 상황에 맞는 표정과 시선 처리, 적절한 제스처가 어울리면 다채롭고 풍요로운 말하기가 된다.

장년층은 이런 제스처를 쓰는 데 더 익숙하지 않다. 그래서 대부분은 연단에 서면 양손을 맞잡고 말을 하거나 뒷짐을 지는 경우가 많다. 그러나 이 자세로는 제스처를 하지 못하므로 손을 양옆으로 내려놓은 상태에서 적당한 제스처를 하면 된다.

얼마 전에 시에서 주최하는 행사에 초대를 받아 참석한 적이 있다. 무대 위에는 지역 유지들과 행사를 주관하는 임원들 여러 명이 서 있었는데, 대부분의 사람이 손을 앞으로 맞잡거나 뒷짐을 지고 있었다. 말을 할 때도 그 자세를 유지했고 제스처를 제대로 활용하지 못해서 딱딱하고 경직된 느낌이 들었다. 제스처를 잘 사용하면 말에 부드러운 리듬이 생겨서 의사전달도 잘될 뿐 아니라 청중을 몰입시켜 자신감 있게 말할 수 있다.

나의 감정이 상대의 기분을 좌우한다

감정을 언어로 표현하는 것은 인간만의 능력이다

사람은 기쁨, 슬픔, 화남, 행복, 놀라움 등 다양한 감정을 느끼며 산다. 이런 감정이 느낌만으로는 전달되지 않기에 말을 통해 표현하고 나누게 되는 것이다. 그런데 감정은 조절이 필요하다. 화가 나는 감정이나 부정적인 생각이 조절이 안 되면 주변 사람에게 피해를 주게 되고 인간관계에도 영향을 미친다. 특히 사람들은 감정을 조절하지 못하고 실수를 저지른 뒤 뒤늦게 후회하는 경우가 있는데, 감정을 잘 다스린다는 것은 그 사람의 인격과도 연관되어 있으니 신경을 써야 한다.

가까운 친척 중에 욱하는 감정을 참지 못해 가족들에게 비난을 받는 사람이 있다. 그는 성실하고 궂은일은 항상 도맡아 하는 적극적인 성향이다. 그런데 아쉽게도 자신과 생각이나 의견이 조금만 다르면 금방 얼굴 표정이 달라지고 말도 거칠어진다. 잘 지내다가도 언제 터질지 모르는 시한폭탄 같은 그의 성격 때문에 그의 가족은 늘 불안하고 가정불화도 잦다. 그랬던 그가 드디어 변화하는 기회가 왔다. 그건 바로 딸의 한마디 때문이었다.

그날도 다른 날과 마찬가지로 그와 가족이 모여 식사를 하던 중이었다. 의견이 안 맞았는지 갑자기 화를 내는 아빠를 보고, 딸이 심각하게 "아빠는 분노 조절 장애인이야."라고 말했던 것이다. 평소에 자신이 감정 조절을 잘 못한다는 건 알았지만, 딸에게 그런 말을 듣자 크게 충격을 받았던 것이다. 그날 이후로 그는 자신을 돌아보게 되었고, 말투나 억양에도 신경을 쓰면서 말을 하게 되어 집안 분위기도 달라졌다.

감정에도 근육이 있다

좋은 일이 생겼을 때의 감정은 주변에 피해를 주지 않는다. 하지만 답답하거나 화가 날 때 감정 처리가 제대로 안 되면 문제가 된다. 요즘 사회적으로 논란이 되고 있는 '갑질'도 어찌 보면 감정 조절이 안 된 상태에서 과격하게 내뱉는 말로 표현되는 경우가 대부분이다. 이런 말과 행동은 그 사람의 인격으로 평가받게 될 뿐만 아니라 상대에게는 심한 상처와 좌절감을 줄 수도 있다.

감정 조절을 잘하려면 내면의 자신과 마주하는 시간이 필요하다. '나는 왜 화가 날까?', '왜 화 나는 감정이 자주 생기지?'라고 원인에 대해 스스로에게 질문하면 좀 더 차분해진 자신과 만날 수 있다.

한편 자신의 언어 습관도 체크해볼 필요가 있다. 습관적으로 쓰는 말 속에는 다양한 감정이 들어 있기 때문이다. 그래서 말을 할 때는 '어떤 말을 할까?'보다는 '어떻게 말할까?'를 먼저 생각해야 한다. 사람들은 말투 하나만으로도 상대가 어떤 의미를 담았는지 금방 눈치 챈다.

경상도가 고향인 민우 씨는 첫 만남부터 무뚝뚝한 인상이었다. 얼굴에는 표정도 없고 말투도 툭툭 내뱉는 듯한 말투였다. 50년을 그렇게 살았으니 '그냥 이게 내 모습이려니' 하고 고칠 생각이 없었다. 아내의 성화에 못 이겨 어쩔 수 없이 나를 만나러 왔지만 역시 마음은 내키지 않는 듯했다.

"원장님, 경상도 사나이는 무뚝뚝한 게 매력 아닌가요? 말 습관이 노력한다고 고쳐질까요?"

"그래요, 무뚝뚝한 게 때론 매력일 수 있지만 지나치면 옆 사람이 힘들지요. 그리고 말은 노력하면 고쳐집니다."

나는 코칭을 시작하면서 그에게 평소에 감정 표현을 어떻게 하는지 물었다. 민우 씨는 웬만한 건 아예 말을 하지 않고 꼭 필요한 의사만 전달한다고 말했다. 그렇다 보니 감정 표현이 서툴고 어색해 본인의 의도와 상관없이 상대에게 상처를 주기도 했다. 하지만 사소한 감정부터 자주 표현하다 보면 감정에도 근육이 생긴다. 민우 씨는 수업을 통해 감정이 생길 때마다 적당한 언어로 표현하는 훈련을 했다. 몇 개월 후 그의 아내로부터 전화가 왔다.

"원장님, 남편이 이제 표현을 잘해서 집안 분위기가 많이 좋아졌어요. 고맙습니다."

감정은 억누르는 게 능사가 아니다. 좋은 일이든 언짢은 일이든 적당히 표현해야 소통도 되고, 인간관계도 원만하게 형성된다.

멘탈 관리가 사람을 모이게 한다

나는 운동을 좋아한다. 그중에서 가장 즐기는 운동은 골프이다. 골프는 자기와의 싸움이면서 동반자와 조화를 이뤄야 즐길 수 있는 운동이다. 가끔 재미로 내기 골프를 하다 보면 사람의 심리를 알게 되는 계기가 되기도 한다.

모든 스포츠가 그렇듯이 컨디션에 따라 운동이 잘될 때도 있고 유난히 안 되는 날도 있다. 그런데 이때 감정 조절을 못 해서 화를 내거나 기분 나쁜 내색을 하는 사람이 있다. 골프는 일행 중 한 사람이라도 감정 조절을 하지 못하면 주변 사람까지 불쾌하게 만들고 자신의 이미지도 나빠진다. 그로 인해 결국 주변 사람과 관계가 소원해질 수도 있다.

반면 지인 중에 유난히 인기 있는 성호 씨는 긍정적인 생각을 갖고 있을 뿐 아니라 멘탈 관리를 유독 잘하는 것이 눈에 띈다. 분위기에 맞게 처신도 잘하고 감정 컨트롤까지 잘하는 그를 모두가 좋아한다. 특히 상대방 입장을 배려하는 마음 씀씀이가 그를 다시 찾고 싶은 사람으로 만든다.

멘탈 관리를 잘하면 자존감도 올라간다

많은 사람들이 멘탈 관리를 못해 자존감이 낮아지는 경우가 있다. 아무리 책을 보고 혼자 노력해도 순간 제자리로 돌아가버리는 멘탈 관리. 어떻게 하면 잘할 수 있을까?

먼저 자신의 상태를 파악해야 한다. 현재의 자신을 알면 문제 해결 능력이 생기게 되고 자존감도 올라간다.

다음으로는 '예스'와 '노'를 분명히 한다. 자신의 의사와 상관없이 남들을 따라가다 보면 예스맨이 되고 만다. 옳고 그름의 판단을 잘하는 것이 곧 멘탈 관리이기도 하다. 하지만 자존감을 지나치게 강조하면 부작용이 생길 수도 있다.

화를 낸다는 것은 스스로를 보호하겠다는 또 다른 표현이기도 하다. 그러나 감정 조절을 적절히 하지 못하면 자신의 자존감은 물론 상대방의 기분까지 좌우할 수 있으니 주의해야 한다.

질문으로 소통하라

질문은 청중과 하나 되는 스피치를 만든다

스피치는 발표가 아니라 소통이다. 가끔 "웅변과 스피치가 어떻게 다른가요?"라는 질문을 받는다. 웅변은 한마디로 연사가 준비된 원고를 외워 일방적으로 전하는 것이라면, 스피치는 상대방과 눈높이를 맞추고 의견을 들으며 소통하는 말하기라는 점에서 확실히 다르다. 스피치에는 청중과 소통하는 방법으로 질문이 들어가면 좋다. 강의나 대화 중 적당한 타이밍에 질문을 하는 것은 소통하려는 의도를 보여줄 뿐만 아니라 자연스러운 공감까지 유도할 수 있다.

얼마 전에 CEO들의 말하기 특강에 초청받아 가게 되었다. 청중 대부분이 공직자나 회사 대표들이었다. 그런데 평소에 여러 사람 앞에서 자주 말을 하는 분들이다 보니 스피치 교육에 대한 반응이 시큰둥했다. 나는 이미 그런 경험을 해보았기에 이번 강의에는 특히 질문을 많이 준비했다.

회사 대표에게는 회사에서 어떻게 직원들과 소통하는지를 질문했고, 공직자들에게는 자신이 속해 있는 분야에서 기억에 남는 일을 질문했다. 그러자 서로 신나게 자신들의 이야기를 했고, 토론처럼 강의가 진행되었다. 어느 정도 시간이 흐른 후, 지금까지 나누었던 이야기를 정리하고 내 강의 주제인 'CEO들이 알아야 할 말하기'로 마무리를 했다. 내 예상대로 다들 언제 시간이 갔는지 모르겠다며 즐거워했다.

스피치에서의 질문은 정답만 요구하는 것이 아니다

대화를 하거나 여러 사람 앞에서 말을 할 때 질문을 하면 가끔 의도한 대로 답이 나오지 않을 때가 있다. 그럴 때 스피치에 능숙한 사람은 그 자체를 다시 재미있게 풀어 자연스럽게 연결시키는 반면, 스피치 초보자는 당황하거나 대답을 회피하게 된다. 스피치에서의 질문은 상황을 부드럽게 하거나 듣는 사람들을 동참시키려는 의도이기에, 답해준 사람에게는 간단하게 감사의 인사를 표하는 것이 좋다.

많은 사람들이 학창 시절 수업 시간에 선생님이 질문하면 선뜻 대답을 하지 못했다. 이는 정답이 아니면 대답을 안 하느니만 못하다는 생각이 자리 잡고 있기 때문이다. 그래서 질문에는 정답만 말해야 되는 줄 안다. 그러나 스피치에서의 질문은 청중의 동참과 공감을 유도한다는 의미이므로 자유롭게 활용하면 된다. 확인하는 질문은 자신이 하고 있는 말의 내용이 잘 전달되고 있는지에 대한 검증의 효과도 있다. 그래서 스피치를 할 때 적당히 질문을 하면 흐름 파악도 되고, 부족한 부분에 대해 설명을 보충하는 기회도 만들 수 있다.

질문에는 열린 질문과 닫힌 질문이 있다

질문도 둘로 나눌 수 있다. 열린 질문에는 정답이 없는 게 특징이다. 상대가 여러 가지 방향으로 답할 수 있고, 상상할 수 있는 질문이 된다. 예를 들면 "최근에 행복했던 순간은 언제인가요?", "나만의 건강을 지키는 방법은 무엇인가요?"라고 질문한다면 상대는 스스로를 돌아보게 된다. 그리고 다양한 답을 들을 수 있다. 반면 닫힌 질문에는 단답형 답이 나올 확률이 크다. "밥은 먹었니?", "오늘 기분은 어때?"라고 물으면 "네, 식사했어요."라든가 "오늘도 기분 좋습니다."라는 형식적인 답만 듣게 된다. 주입식 교육에 익숙한 사람일수록 자신도 모르게 닫힌 질문을 한다. 그러므로 소통하는 대화를 위해서는 질문을 잘하는 방법도 고민해야 한다.

질문을 잘하려면 메모를 활용하라

사람들의 뇌는 그리 많은 것을 기억하지 못한다. 좋은 말을 듣고, 감명을 받았던 순간도 오래가지 못한다. 그래서 말을 잘하고 소통하려면 메모하는 습관이 중요하다. 대화를 할 때 메모하는 모습은 적극적으로 보일 뿐만 아니라 상대를 존중한다는 의미도 된다. 이런 행동은 들을 준비가 되어 있다는 표현이기도 하다. 상대가 이야기할 때 중요하다고 생각되거나 궁금증이 생기면 메모를 하고 끝까지 경청한 후에 질문하는 것이 좋다. 그러면 대화의 흐름도 끊기지 않고 소통하는 데에도 도움이 된다. 그런데 메모를 익숙하고 효율적으로 하는 데에도 연습과 지혜가 필요하다.

시청에서 팀장으로 근무하는 병태 씨는 메모의 달인이다. 그의 손에는 항상 수첩이 들려 있고, 언제든 메모할 준비를 갖추고 있다. 내 수업 중에도 눈은 앞을 보지만 손으로는 계속 뭔가를 적어 내려간다. 너무 메모를 열심히 하기에 한번은 궁금해서 봤더니 세상에, 빼곡한 글씨로 깨알같이 많은 말이 적혀 있었다. 나는 깜짝 놀라며 이 내용을 다 활용할 수 있겠냐고 물었다. 그는 다 활용하지는 못하지만 그래도 왠지 기억에 남을 것 같아 쓰고 있다고 말했다.

하지만 이런 메모는 질문을 하거나 자기 의견을 말할 때 활용하기 어렵다. 상대 이야기의 핵심만 적어야지 속기하는 것처럼 모든 것을 적으면 곤란하다. 오히려 이야기의 흐름을 놓칠 수도 있기 때문이다. 질문을 잘하려면 상대방 말의 핵심을 간단하게 정리하여 자신의 생각과 비교해보는 것이 좋다. 그래야 메모가 소통하는 말하기로 이어질 수 있다.

질문이 소통의 빠른 방법이 될 수 있다

수강생 중에 고등학교 선생님이 있다. 그는 학교에서 질문을 잘하기로 소문 났다. 수업 중에 적절하게 질문을 잘하다 보니 학생들도 졸거나 딴청을 부리지 않는다. 그는 항상 학생들의 입장에서 수업을 준비하고, 모두가 동참하는 수업으로 진행한다.

그의 정년 후의 꿈은 실버 세대들을 위한 '두 번째 인생 설계'를 전하는 것이다. 점점 고령화가 되어가는 지금 시대에는 타인에게 의지하는 삶이 아닌, 스스로를 잘 관리하는 삶이 서로 행복할 수 있다는 걸 알리기 위해 교육 강사가 되고 싶어 한다. 퍼스널 브랜딩 스피치를 배운다면 좀 더 체계적인 강의를 할 수 있다는 생각에 나를 찾아오게 되었다. 학교에서 학생들을 가르치는 방법과 달리 시니어들을 위한 스피치 교육은 확실히 다르기 때문이다.

그는 이미 사회복지사 자격증을 취득했고 책도 많이 읽어, 기본적인 소양은 갖추고 있었다. 자신의 특기인 질문을 잘하는 것이 소통의 지름길이란 것을 알고, 스피치 수업에서 발표를 할 때도 질문을 잘한다. 그래서인지 그의 발표는 다른 수강생들의 마음을 사로잡는다.

같은 주제라도 서로 다른 의견을 제시하고 궁금한 점을 물으면 상대의 생각을 알게 된다. 그리고 이는 소통을 하는 데 가장 좋은 방법이 된다. 적당한 질문을 하는 것은 상대를 알아가는 것이며 소통하고자 하는 의지를 보이는 것이다. 특히 퍼스널 브랜딩 스피치를 잘하려면 무엇보다 중요한 질문하는 스킬을 익혀, 소통의 터널을 잘 뚫어야 한다. 터널이 막히면 더 이상 통로의 역할을 할 수 없기 때문이다.

마무리는 짧을수록 매력적이다

끝이 좋으면 다 좋다

시작은 거창하게 했지만 마무리가 분명하지 않으면 어떤 일도 좋은 결과를 만들지 못한다. 그러나 시작은 미미하게 출발했더라도 마무리가 좋으면 사람들은 박수를 보낸다. 스피치를 할 때도 마찬가지이다. 시작과 내용 설명을 만족스럽게 하지 못했더라도 간결하고 기억에 남는 말로 마무리를 잘하면 인상에 남는 스피치가 된다.

스피치 마무리를 잘하기 위해서는 다양한 방법이 있다. 그중에 좋은 방법은 지금까지 설명했던 이야기의 핵심을 간결하게 요약해서 반복하는 것이다. 특히 마무리를 할 때는 내용과 맞는 의미 있는 인용문을 활용하면 더욱 효과적이다.

수강생 중에 유난히 마무리를 깔끔하게 발표하는 윤석 씨가 있다. 처음 수업을 시작했을 때는 어려워했지만 코칭 과정에 있는 키워드로 마무리하는 교육을 받은 뒤에는 그 부분을 중요하게 생각하여 잘 활용한다.

윤석 씨는 좋은 글을 읽거나 방송을 듣다가도 마음에 와닿는 문장이 있으면 메모를 했고, 자신만의 '느낌 좋은 스피치 어록'을 만들었다. 그는 다른 사람들이 '아, 좋은 말이네!'라고 흘려버리는 명언들을 메모장에 남겨 필요할 때 결론에 인용한다. 그래서 사람들은 윤석 씨와 함께 수업을 하면 오늘은 어떤 좋은 말로 그가 마무리를 할지 은근히 기대한다.

마무리의 중요성을 표현한 사자성어로 '화룡점정(畵龍點睛)'이란 말이 있다. 중국 양(梁)나라 때 벽화를 잘 그렸던 장승요라는 화가가 있었다. 그는 금릉에 있는 안락사 벽화에 용(龍) 두 마리를 그렸는데 눈동자는 그려 넣지 않았다. 용에 눈동자를 그리면 날아가버리기 때문이라는 것이다. 하지만 사람들이 자신의 말을 믿지 않자 그는 한 마리 용에 눈동자를 그려 넣었고 그러자 갑자기 하늘에서 천둥과 번개가 번쩍이고 용이 살아나 하늘로 날아가버렸다고 한다. 여기에서 유래된 '화룡점정'은 어떤 일이라도 마무리가 얼마나 중요한지를 나타내는 말로, 《수형기》라는 책에 실려 전해온다.

운동 중에 마지막까지 승패를 가늠하지 못하고 기대를 걸게 만드는 구기 종목으로 야구가 있다. 다른 스포츠도 그렇지만 유독 야구는 지금까지의 모든 결과를 한 번에 바꿀 수 있는 9회 말 역전이 있기에 야구팬들은 끝까지 자리를 지키며 응원한다.

무슨 일이든 과정도 중요하지만 마무리까지 간결하고 핵심 있게 잘하면 '화룡점정'이 된다.

결론은 반복으로 마무리해야 기억에 남는다

설교, 강의, 발표 등 대중 스피치는 서론, 본론, 결론 기법을 활용하면 큰 틀에서 벗어나지 않고 내용을 전달할 수 있다. 이때 서론에서는 이야기할 주제를 말하고, 본론에서는 주제 설명을 위해 키워드로 내용을 설명한다. 결론에 이르면 이 키워드를 간결하게 반복해서 다시 한 번 말하면 오래 기억에 남는 스피치가 된다.

예를 들어 '나만의 스트레스 해소법'으로 주제 발표를 한다면 이렇게 하면 된다.

"반갑습니다. 오늘 여러분과 행복한 삶을 공유하고 싶은 OOO입니다. 사람들은 삶을 살다 보면 누구나 근심이나 걱정거리가 생기게 마련이죠. 내가 원했던 것들이 계획대로 안 되면 마음이 불편하고 우울해지는데, 그때 느끼는 감정이 스트레스가 됩니다. 행복한 삶을 살려면 스트레스를 풀어야 하기에 저는 오늘의 주제로 '나만의 스트레스 해소법'을 말해보겠습니다.

첫 번째로 저는 스트레스를 받으면 혼자 조용한 곳을 산책하면서 스트레스를 풉니다. 산책하는 동안은 내면의 나를 만날 수 있고 객관적으로 원인을 분석하게도 되어 어느 정도 생각을 정리하는 시간을 갖게 됩니다. 그러다 보면 스트레스가 때로는 발전의 원동력이 되기도 한다는 걸 깨닫게 됩니다.

두 번째로는 마음 맞는 친구와 술이나 차를 마시는 겁니다. 친구와 수다를 떨면서 스트레스 받은 이유도 말하고, 상대의 의견도 들어보면서 생각을 나누다 보면 스트레스가 풀리는 걸 느끼게 됩니다.

세 번째로는 땀이 흠뻑 나는 운동을 합니다. 달리기, 등산, 암벽타기 등 평소에 즐기던 운동을 하면 몸이 개운해져서 스트레스가 풀리게 됩니다. 몸이 개운해지면 어느새 마음까지 가벼워집니다.

저는 지금까지 '나만의 스트레스 푸는 방법'으로 '마음을 편하게 해주는 산책', '친구와 술이나 차 한잔 하며 수다 떨기' 그리고 마지막으로 '땀이 흠뻑 나는 운동하기'를 말씀드렸습니다. 피할 수 없으면 즐기라는 말처럼 이왕 스트레스를 받았다면 확실하게 푸는 것도 우리 삶의 지혜가 아닐까요?"

이처럼 내용을 설명한 후 마무리에 키워드를 반복하면 누구나 쉽게 기억할 수 있다.

클로징 잘하는 법

요즘은 SNS의 발달로 재미있는 강연을 굳이 강연장까지 가지 않아도 많이 들을 수 있다. 그리고 일반 사람들도 어디에서나 자신의 경험이나 노하우를 강연할 수도 있다. 그런데 처음에는 몰입하고 듣던 강연도 점점 시간이 흐를수록 집중력이 떨어지고 흥미도 잃게 되는 경우가 있다. 그렇지만 끝까지 마무리를 간결하게 잘하면 좋은 강연이란 인상을 줄 수 있다.

반면 잘 해놓은 강연도 해서는 안 되는 마무리 멘트 때문에 안타깝게 강연을 망치는 경우도 있다. 그동안 들었던 수많은 강연 중에 아쉬움을 남겼던 '피해야 할 마무리 멘트'들을 적어보겠다.

〈마무리 멘트로 피해야 할 체크리스트〉

- "이제 시간이 다 돼서 여기까지 마칩니다."
  → 이 멘트는 오직 시간을 채우기 위한 강의로 들릴 수 있다.
- "질문은 다음에 기회가 되면 받겠습니다."
  → 또 만날지 안 만날지 모르는 상황에서는 의미 없는 마무리이다.
- "여러분과 저는 충분히 밝은 미래를 만들 수 있습니다."
  → 이 멘트 역시 막연한 기대로 상투적인 말이 된다.
- "열심히 준비했는데 이해가 되셨는지 모르겠습니다."
  → 이해가 안 됐으면 어쩌란 말인가? 지나친 겸손은 오히려 청중의 신뢰를 깰 수 있다.

• "마무리는 요약한 영상으로 마치겠습니다."

→ 마무리는 영상보다는 강사가 직접 결론을 짓는 것이 예의이고 격식에도 맞는다.

열심히 준비해 강연을 했더라도 마무리에 포인트가 없고 의미가 없으면 아쉬움이 남는다. 간결하고 핵심 있는 마무리가 퍼스널 브랜딩 스피치의 꽃이라고 할 수 있다.

4장

타고난 달변가처럼 말하는 10가지 스킬

스피치 잘하는 사람들의 공통점

우리가 생각하는 달변가는 누가 있을까?

유재석, 강호동, 김원희 등 유명 연예인들의 공통점은 말을 재미있게 한다는 것이다. 주로 MC를 맡아 진행하는 이들은 순발력 있는 말하기가 매력이다. 손석희, 백지연, 도경환 등 아나운서들도 논리적인 말하기를 잘한다. 하지만 요즘은 방송인들뿐만 아니라 일반인 중에도 말을 잘하는 사람들이 많다. 평범한 사람들이 말을 잘하는 걸 보면 그 중심에는 자신만의 스토리가 있다는 공통점이 있다. 그 누구도 따라 할 수 없는 자신만의 이야기가 자연스럽게 나온다.

퍼스널 브랜딩 스피치 수업 중에도 자신의 이야기를 소재로 발표하는 과정이 있다. 이때는 자신만의 에피소드를 찾아야 하는데,

많은 사람들이 에피소드 찾기가 어렵다고 한다.

"원장님, 저는 너무 평범하게 살아서 에피소드를 찾을 게 없어요."

하지만 에피소드는 우리 일상 곳곳에 얼마든지 있다. 평범하지만 크고 작은 일들에 의미를 부여하면 그 자체로 에피소드가 되기 때문이다.

얼마 전, 에피소드 찾기 수업에서 '소확행'이란 주제로 발표를 했다. '소확행'이란 작지만 확실한 행복을 뜻하는 말이다. 그 수업 중에 기억에 남는 수강생의 에피소드가 있었다.

석재 씨는 아들 셋을 둔 40대 중반의 가장이다. 아들 셋을 키우는 집의 분위기는 상상을 초월한다. 아이들은 집 안에서 움직일 때도 그냥 걸어 다니지 않는다. 셋이 덩어리가 되어 우르르 몰려다니고, 넘어지고 쿵쾅거리다 보니 아래층에 사는 이웃에게 늘 죄인처럼 조심스럽다. 그래도 아빠 입장에서는 건강하게 잘 자라주는 아이들이 대견하고 뿌듯하다. 저녁을 먹고 나란히 누워 잠든 모습을 볼 때면 세상 부러울 것 없이 행복을 느낀다고 한다. 이렇듯 자신의 이야기를 하다 보면 그는 어느새 술술 달변가처럼 말을 한다. 평범한 일상이지만 '소확행'을 표현하기에 딱 좋은 소재였다.

상대방이 편하게 듣고 공감할 수 있다면 스피치를 잘한 것이다. 이처럼 아주 작은 일상도 에피소드로 살려내면 달변가가 될 수 있다. 방송을 진행하는 달변가들도 평범한 일상을 재미있고 의미있게 풀어내는 것이 재주인 사람들이다.

말을 잘하는 사람들은 재미와 의미를 놓치지 않는다

요즘은 1인 미디어 시대이다 보니 유튜브를 통해 개인이 방송을 하기도 하고, 다양한 강의도 쉽게 들을 수 있다.

세바시나 포프리쇼에서 강의하는 김창옥 교수는 재미와 의미를 놓치지 않는 말하기로 유명하다. 그는 제주도에서 태어났다. 가난하고 공부도 못해 전문대에도 떨어졌고, 극단적인 선택도 생각해봤다고 한다. 아버지는 청각장애인이셨는데 돈만 생기면 '동양화(화투)'로 사회에 환원을 하셨다고 한다. 그런 날은 어김없이 어머니와 아버지가 부부 싸움을 했고, 그다음 날 엄마는 파트라슈가 되었다고 한다. 〈플랜더스의 개〉에 나오는, 얼굴에 얼룩무늬가 있는 네로의 그 강아지 말이다. 그래서 그는 늘 제주도를 벗어나고 싶어 했다. 군대를 제대한 후 대학에서 성악을 전공하고 보이스 컨설턴트로 강의를 시작해 지금은 다양한 분야에서 많은 사람들에게 꿈과 희망을 주는 강사로 활동 중이다. 성장과정은 슬프고 답답하지만, 그의 진솔한 강의는 재미와 의미를 부여해 청중을 울리고 웃긴다.

얼마 전에 모 대학 부총장, 건설협회 회장, 교수와 식사하는 자리가 있었다. 서로 지인들이기는 하지만 평범한 이야기만 오갈 뿐 재미가 없었다. 마침 식사로 민어구이가 나왔는데 생선 이빨이 보였다. 나는 순간 분위기를 재미있게 만들고 싶다는 생각이 들어서 질문을 던졌다. "동물 중 이빨이 10,000개인 동물이 뭘까요?" 다들 "진짜 이빨이 10,000개나 있는 동물이 있나요?"라며 의아해했다.

스무고개 게임을 하듯 크기, 생김새, 종류, 사는 곳 등 다양한 이야기를 나누다 보니 분위기는 점점 화기애애해졌다. 결국 연체동물이라는 힌트를 듣자 정답이 나왔다. 정답은 '달팽이'이다. 달팽이는 혀에 10,000여 개의 치설(치설은 연체동물Mollusca의 구강에서 볼 수 있는 톱 비슷한 줄 모양의 대상물로서 키틴질의 작은 이가 많이 붙은 혀를 말한다)이 있는데, 이를 치아로 구분한다고 한다. 그날 식사는 내가 낸 문제 하나로 재미있게 마무리되었다.

스피치를 잘하는 사람들은 3가지 비언어 처리를 잘 활용한다

스피치에서 비언어는 말의 내용을 빛나게 해주는 중요한 요소가 된다. 비언어 중에는 표정, 시선 처리, 제스처가 가장 많이 쓰이는데, 앞에서도 언급했듯이 그중 첫 번째는 표정이다.

사람은 누구나 긴장을 하면 얼굴에 홍조 현상이 나타나기도 하고 딱딱하게 굳어지는 표정이 되기도 한다. 그래서 표정 관리가 중요한데, 긴장하거나 여유가 없으면 쉽지 않다. 자연스러운 표정 만들기를 위해서는 심리적인 안정감을 갖는 게 우선이다. 발표를 하기 전에 할 말을 충분히 연습하고, '나도 편안한 표정을 만들 수 있다.'고 자기 암시를 하라. 그리고 거울을 보며 표정이 말의 내용과 어울리는지 확인해보면 된다.

밝은 표정근을 만드는 방법으로는 입꼬리를 올리는 연습을 하면 좋다.

위스키~ 와이키키~ 예쁘지~ 송아지~ 방실이~

아, 에 ,이, 오, 우 / 가, 게, 기, 고, 구 / 하, 헤, 히, 호, 후

버글버글 / 와글와글 / 지글지글 / 시끌시끌

이와 같이 같은 단어를 여러 번 반복하면서 표정근을 만들어보자.

두 번째, 말을 잘하는 사람들은 시선 처리도 잘한다. 대중의 시선은 긴장감을 느끼게 할 수 있다. 청중의 눈빛이 부담스러우면 주눅이 들게 되고, 결국 말하기에 자신감이 떨어진다. 그래서 내가 먼저 청중의 시선을 압도하고 말해야 한다. 시선 처리가 자연스러우면 이야기도 잘 풀린다.

인원이 적을 때는 골고루 2초 정도 눈 맞춤을 하면서 청중을 보고, 인원이 많을 경우에는 크게 4등분으로 전체를 나눠서 바라보며 시선 처리를 하면 된다. 앞에서 옆으로, 뒤로 골고루 보면서 관심을 보이면 청중을 자연스럽게 끌어들일 수 있다. 특히 프레젠테이션을 할 경우에는 화면만 보고 읽으면 지루하고 공감이 안 될 수 있다. 이때도 이미 머릿속에 원고를 암기해두고 자연스럽게 청중에게 시선을 보내야 자연스러운 말하기가 된다.

세 번째, 제스처는 손동작, 몸놀림, 연단 이동을 말하는데 이를

잘 활용하면 스피치의 고수가 된다. 제스처는 말하는 사람에게는 자신감을 주고 듣는 사람에게는 신뢰감을 주어 내용의 이해를 돕는 역할을 하게 된다. 말을 시작하기 전에 인사를 할 때도 여유를 갖고 천천히 반듯하게 해야 하며, 인사가 끝나면 바로 말을 시작하지 말고 청중을 둘러본 후에 가벼운 미소와 함께 시작하면 된다. 손 처리도 중요하다. 긴장된다고 양손을 맞잡고 계속 말을 한다거나 뒷짐을 지면 어색하다. 양손은 가볍게 주먹을 쥐어 옆으로 놓는다. 또 말의 내용과 어울리는 손동작을 해야 자연스럽다. 연단을 이동할 때도 너무 급하게 자주 움직이면 주의가 산만해 보일 수 있으니 여유를 갖고 천천히 움직여야 한다. 이때 신발을 끌거나 발걸음을 너무 크게 하는 것을 주의해야 한다.

지금까지 이야기한 비언어 영역을 연습하면 스피치는 누구나 잘할 수 있다. 스피치는 절대로 타고난 사람만 잘하는 것이 아니다. 전혀 몰랐던 악기도 꾸준히 노력하고 연습하면 연주할 수 있고, 아무리 몸치라도 운동을 하면 배울 수 있듯이 말하기도 노력하면 재미있고 의미 있게 할 수 있다.

특히 퍼스널 브랜딩 스피치를 잘하려면 지금까지 말한 비언어를 바탕으로 그동안의 경험을 에피소드로 만들어내는 노력을 하면 된다. 살면서 어려웠던 일, 이를 극복하기 위해 노력했던 순간들을 재미있게 구성해 풀어낸다면 자기만의 빛나는 스피치가 된다.

싯다운 스피치와 스탠딩 스피치의 차이

싯다운 스피치, 스탠딩 스피치 제대로 알기

퍼스널 브랜딩 스피치에는 크게 두 종류가 있다. 몇몇 사람들과 앉아서 말하는 싯다운 스피치(sit-down Speech)와 많은 사람들을 모아놓고 말하는 스탠딩 스피치(standing speech)로 나눌 수 있다. 이 두 종류의 스피치는 영향력 차이도 있고 표현 방법도 다르다.

싯다운 스피치가 쉬운 것도 아니고, 스탠딩 스피치가 어려운 것도 아니다. 그런데 상담자들은 대부분 이렇게 말한다.

"저는 앉아서 하는 말은 잘할 수 있어요. 그런데 몇 명 앞이라도 서서 말하려면 너무 긴장되고 떨려서 말이 안 나와 걱정입니다."

이것은 스피치에 대한 이해 부족에서 오는 말이다. 조금만 더 스피치를 알고 나면 싯다운 스피치와 스탠딩 스피치를 자연스럽게 넘나들며 자신감 있게 말할 수 있다. 좀 더 자세히 알아보자.

싯다운 스피치는 사람의 마음을 사로잡는 도구이다

싯다운 스피치는 몇몇 사람이 테이블을 사이에 두고 앉거나 편안한 자세로 마주 보고 앉아서 말하는 것이다. 앉아서 한다고 해서 스피치가 결코 쉬운 것은 아니다. 앉아서 보고를 할 때는 자료를 참고 삼아 결론부터 말하고, 근거와 의견을 제시하는 것이 좋다. 이때 목소리 톤이 너무 빠르거나 크지 않게 음량 조절이 필요하다. 토론 형태의 대화를 나눌 때는 메모와 필기구를 준비해 상대방 말의 요점을 정리해둔다. 그리고 내가 말할 차례가 오면 의견을 제시하고 상대 의견에 대한 내 생각을 말하면 된다.

회의를 할 때 앉아서 진행하는 분위기라도 누군가를 소개할 때는 자리에서 일어나 시선을 모으는 것도 필요하다. 특히 면접을 볼 때는 시선 처리와 반듯한 자세가 중요하다. 면접관의 질문 의도를 잘 파악하고, 그 방향에 맞는 말을 '겸손하되 당당하게' 한다.

싯다운 스피치는 타이밍이 중요하다

소수의 인원이라도 중요한 결정이나 의견을 나누는 자리이기에 신중하고 분명하게 자신의 생각을 전하고, 상대의 의도를 파악해야 성공하는 말하기가 된다.

〈100분 토론〉이나 〈끝장토론〉 같은 TV 프로그램의 패널을 보면 평소에 대중 강의는 잘하는데 좌담 스피치에서는 사뭇 다른 모습을 보이는 경우가 있다. 좌담이나 토론은 일방적인 말하기가 아니라 상대의 의견을 듣고 자신의 의견을 제시하는 자리이다 보니 타이밍이 중요하다. 적절한 타이밍을 놓치면 전체적인 흐름이 깨지고 자신이 할 말을 충분히 전하지 못한다. 적절한 타이밍에 이야기를 핵심 있게 전달해야 잘하는 싯다운 스피치가 된다.

〈싯다운 스피치를 잘하는 방법〉

- 표정을 자연스럽게 주고받는다.
- 경청과 질문을 적절히 나눈다.
- 상대 의견에 맞장구를 치거나 반응을 보인다.
- 메모를 하고 눈 맞춤도 부드럽게 한다.
- 목소리 톤을 조절해 너무 크거나 작지 않게 한다.

스탠딩 스피치의 매력

스탠딩 스피치는 강의나 프레젠테이션, 주례, 사회를 볼 때 많이 하게 된다.

서서 말하는 스탠딩 스피치는 청중을 모아서 한 번에 소통할 수 있는 매력이 있다. 그래서 철저한 준비와 청중 분석, 시간 조절 등이 갖추어진 말하기를 해야 한다. 청중이 집중하고 몰입할 수 있는 정확한 주제로 말하는 것이 필수이다.

청중은 군중심리가 있어 강사에 대한 평가가 빠르고, 들을 만한 말인지 아닌지를 금방 결정짓는다. 그래서 초반부터 기선을 제압하고 청중 속으로 들어가야 한다. 그러므로 들어가는 말부터 분명하고 청중의 이목을 끌어야 한다. 이때는 대담하고 기발한 표현을 쓰는 게 좋다. 상황에 맞는 유머나 놀라운 뉴스로 시작하면 집중하게 만드는 효과가 있다. 이것이 '말문을 여는' 서론에 해당된다.

다음으로 '펼치는 말'에서는 오늘 강의 주제에 대한 목적이나 이유를 확실히 제시하고 중심 의견을 솔직하게 밝힌다. 원인과 결과에 해당하는 설명이 분명하면 좋다. 이 부분이 본론에 해당된다.

'마무리 말'로는 지금까지 한 말을 명확하게 요약을 하고 비전을 제시하면 결론이 된다.

이처럼 스탠딩 스피치는 공식적이면서 대중을 상대로 신뢰성을 갖는 말하기 영역이다. 소모임에서도 크게 다르지 않다. 이때도 표정 관리, 적절한 제스처, 목소리 톤 조절 등 비언어적 요소를 잘 활용해야 말에 신뢰도가 생기고 좋은 이미지를 구축할 수 있다.

〈스탠딩 스피치를 잘하는 방법〉

• 격식과 상황에 맞는 인사를 한다.

- 제스처를 활용해 의사를 전달한다.
- 고저장단을 살려 생동감 있는 스피치를 한다.
- 표정이나 행동을 실감나게 한다.
- 청중을 장악하는 능력이 필요하다.

구의회의 김 의장을 코칭한 적이 있다. 김 의장은 정치 초년생이지만 선거 결과 최다 득표로 의장직에 오르게 되었다. 그런데 의장이 된 그날부터 속마음은 불안했다. 곧 의장으로서의 품위와 품격이 말을 통해 드러날 텐데 하는 생각만 하면 두렵기도 했다. 혼자서는 도저히 해결될 것 같지 않아 결국 나를 찾아왔다.

"원장님, 솔직히 저는 아직 말하기 준비가 안 됐는데 어쩌다가 의장이 되었네요. 속성으로라도 해결할 수 있는 방법이 있을까요?"

그의 절박한 심정이 느껴졌다.

나는 코칭 날짜를 10일간으로 정하고, 김 의장만의 개성을 살린 퍼스널 브랜딩 스피치 수업에 들어갔다. 발음과 발성부터 표정 관리, 제스처 쓰는 방법, 눈을 보고 악수하기, 진정성 있는 시선 처리 등 일거수일투족을 집중적으로 지도했다. 그리고 정해진 시간 안에 말을 끝내는 것도 체크했다. 1분 인사말, 3분짜리 축사, 5분짜리 덕담, 10분에 맞는 원고 등을 만들어 상황에 맞는 말하기 훈련도 세심히 체크했다. 시간이 넘거나 쓸데없는 말이 들어가면 호되게 야단도 쳤다. 그리고 마지막 날에는 영상을 찍었다. 몰라보게 달라진 자신의 모습을 보고 그는 눈물을 글썽였다.

"바쁜 일정 중에 스피치 수업을 받기가 쉽지 않았는데, 이렇게 변한 내 모습을 보니 정말 잘했다는 생각이 듭니다. 고맙습니다."

"수고 많으셨습니다. 수업 중에 모진 말 때문에 마음이 상하셨다면 이해하십시오. 당당한 말하기로 시민과 의회 발전에 좋은 영향력을 발휘해주세요."

내게 인사하고 떠날 때 당당해진 그의 뒷모습은 스피치 선생으로서 충분한 보람을 느끼게 했던 순간이었다.

스탠딩 스피치와 싯다운 스피치가 조화를 이뤄야 성공한다

서서 말하기를 잘하는 사람이 있는 반면 앉아서 말하기를 편안해하는 사람도 있다. 그러나 퍼스널 브랜딩 스피치는 이 2가지를 골고루 잘해야 한다. 자신의 경험이나 지혜를 강의할 때는 반드시 청중을 이해하는 것부터 시작하자. 청중의 수준이나 환경, 입장 등을 고려해야 자신의 말이 상대 귀에 제대로 들어가게 할 수 있다.

앉아서 말을 할 때는 절대로 독불장군형 스피치를 해서는 안 된다. 상대가 듣고 싶은 말이나 궁금한 것이 무엇인지 먼저 파악하고 말을 시작하자. 스스로를 낮추는 자세도 필요하다. 무엇보다 말의 길이를 줄여서 핵심을 전하되 지루하지 않게 말해야 매력 있는 사람이 된다. 말이 빛나면 사람도 빛난다.

설득 스피치로 내 편을 만들어라

수치나 통계를 활용하라

설득을 한다는 것은 상대방의 마음을 사로잡는 것이다. 회의를 하거나 영업을 할 때도 자신의 말이 설득력이 있다면 훌륭한 스피치가 된다. 그러나 상대방을 설득시키기란 그리 쉽지 않다. 정확한 근거와 논리가 뒷받침되지 않으면 과연 누가 설득을 당하겠는가? 그래서 설득 스피치는 정확한 정보와 뛰어난 전달력이 있어야 한다. 이때 데이터에 의한 통계나 수치를 잘 활용하면 설득 가능성이 높아진다.

예를 들어 저출산 고령화를 이야기한다고 해보자. 2018년 합계 출산율은 0.98퍼센트이다. 2017년 신생아 수는 35만 명이며, 이것이 2021년에는 29만 명 수준으로 떨어진다는 전망이 나와 있다. 특히 만 65세 이상 인구 비율로 보면 노령인구가 7퍼센트이면 고령사회, 14퍼센트가 되면 고령화사회, 20퍼센트가 되면 초고령 사회가 되는데, 고령화되는 시기가 2025년으로 나타난다. 이런 수치와 통계는 출산을 장려하고 노후에 어떻게 살아가야 할지 설득할 때 사용할 수 있다.

미국에서도 수치를 통해 국민을 설득한 사례가 있다. 1958년 미국의 재정적자는 10억 달러에 이르렀다고 한다. 그러나 국민들은 위기를 실감하지 못했다. 이때 드와이트 아이젠하워(Dwight Eisenhower) 대통령은 1달러짜리 지폐를 10억 달러 늘어놓으면 지구에서 달까지 왕복하고도 남는다는 연설을 해 국민들을 설득시켰다.

이처럼 수치나 통계를 사용하면 상대방을 금방 설득시킬 수 있다.

부드럽게 설득하라

설득을 한다고 하면 설득하는 사람과 설득당하는 사람이라는 이분법적 논리가 성립된다. 이때 시끄럽게 주장하면 오히려 설득이 쉽지 않다. 큰 목소리로 여러 가지 이유를 대며 강조할수록 상대방은 마음의 빗장을 걸어 잠그게 되기 때문이다.

한번은 여의도에 있는 주택건설협회 전국 시·도 임원들을 대상으로 강의를 한 적이 있다. 강의장에 도착하니 넓고 큰 의자 수십 개가 ㄷ자 형태로 놓여 있었고 그 앞에서 강의를 해야 했다. 내가 강의를 하러 온 건지 면접을 보러 온 건지 알 수 없을 만큼 위압감이 느껴졌다. 강의를 듣는 사람들이 건설현장에서 수십 년을 근무한 사람들이다 보니 왠지 모를 카리스마도 느껴졌다. 순간 준비해 간 '리더들의 말하기'는 내려놓기로 했다.

나는 가끔 강의를 하기 전에 분위기가 딱딱하거나 집중이 안 될 때는 플루트 연주를 하곤 하는데, 그날도 그 방법을 활용했다. 가볍게 인사를 한 후 무뚝뚝한 시선으로 바라보는 분들께 "여러분, 플루트 연주를 한 곡 하고 강의해도 될까요?"라고 했더니 깜짝 놀라며 박수를 쳐준다. 즉석에서 조용필의 〈그 겨울의 찻집〉을 연주했다. 중반쯤 분위기가 무르익으니 가볍게 따라 부르는 사람도 있고, 선율에 맞춰 박수를 치는 사람도 있었다. 그렇게 한 곡이 끝나니 아쉽다며 한 곡 더 요청이 들어와 최성수의 〈동행〉까지 연주했다. 플루트 연주를 듣게 된 청중은 얼굴이 금세 밝아지고 마음이 열렸다.

그날 강의 내용은 '가족과 소통하는 말하기'가 되었고, 겨울에 따뜻한 찻집에서 만났던 아내와의 추억이 에피소드가 되었다. 지금까지 묵묵히 뒷바라지하며 동행해온 아내에게 어떤 대화로 위로하고 감사하는지 이야기하다 보니 다들 저절로 고개를 끄덕였다.

설득은 주장이 아니고 공감이다. 공감해야 마음의 문이 열리고 부드럽게 설득된다. 그날의 강의는 부드러운 설득 강의로 기억에 남는다.

설득은 내 생각을 따를 수 있도록 영향력을 발휘하는 것이다

설득을 잘하기 위해서는 체계적인 방법이 필요하다.

이를 잘 정리한 미국 퍼듀대학교 앨런 H. 먼로(Alan H. Monroe) 교수의 5단계 구성법이 있다.

1단계 : 주의(attention)를 끌어라

설득의 첫 단계로 도입부에 청중의 반응을 유도하기 위한 질문을 한다. 놀라운 뉴스나 가벼운 유머, 현장과 관련된 이야기가 시작 멘트로 좋다.

"영국 공영방송 BBC가 '오늘의 단어'로 우리말 '꼰대(KKONDAE)'를 선정했다고 합니다."

2단계 : 필요(need step)를 제시하라

강연자가 주제를 언급한 목적이나 의견을 제시하고 경험을 언급하면서 문제를 말할 수 있는 입장을 이야기한다.

"칼퇴하는 부하 직원을 보며 '나 때는 저러지 않았는데, 요즘 애들은 열정이 없어.'라고 생각해보신 적 있나요? 이 빠르게 변해가는 시대에 어떻게 하면 '꼰대'가 아닌 '어른'이 될 수 있을까요?"

3단계 : 필요를 만족(satisfaction)시켜라

의견을 분명히 하고 원인과 결과에 대한 필요를 설명하면서 청중에게 확신을 준다.

"자신의 입장에서만 청년들을 바라보지 말고, 그들의 입장을 생각하는 시간을 갖다 보면 소통이 가능해집니다. 젊은 세대를 진정으로 이해하며, 존중하는 대화를 나누면 오히려 그들에게 존경받는 '어른'이 될 수 있습니다."

4단계 : 구체적(visualization)으로 강조하며 해결하라

명확한 공약을 제시하고 전문가의 말을 인용한다. 또한 증거를 제시하면서 구체적인 해결 방안을 말한다.

"탈무드에 '말로 하지 못하면 아는 것이 아니다.'라는 말이 있습니다. 퍼스널 브랜딩 스피치 수업에서는 설명하는 법을 강조하고 연습합니다. 간단한 단어부터 한 줄 문장이나 좋은 글귀도 나만의 표현 방법으로 설명을 해보면 완전하게 이해가 가능합니다.

5단계 : 행동(action step)으로 이끌어라

마무리 단계로 청중을 감동시키는 결론을 내리고 결심을 하게 하며 비전을 제시한다.

"이제 제2의 인생을 시작할 때입니다. 두려워하지 말고 퍼스널 브랜딩 스피치에 도전하세요!"

먼로의 5단계 구성법은 체계적인 설득 방법 중 하나이다. 두서없이 자기주장만 강조하기보다는 체계적으로 자신이 하고 싶은 말을 넣어 활용하면 도움이 될 것이다.

보험설계사인 정남 씨와 수업을 했던 것이 떠오른다. 그는 20여 년간 공직에 있다가 명예퇴직을 하고 보험 영업을 시작했다. 사람들을 만나 개인 컨설팅으로 영업을 할 때도 있지만, 단체에서 보험 설명을 요청받을 때도 종종 있어서 '설득 스피치 기법'을 배우러 온 것이다. 그는 퍼스널 브랜딩 스피치 수업 과정 중에 있는 '설득 스피치 프로그램' 교육을 받았는데, 먼로의 5단계 구성법을 활용하니 설득의 흐름을 금방 파악하고 자유롭게 자신의 생각을 말할 수 있었다.

"원장님, 상대방을 설득하는 것이 무척 어려운 줄 알았는데 먼로의 5단계 구성법을 활용하니 체계적인 느낌으로 아주 쉽게 다가오네요."

설득에 자신감이 생긴 정남 씨는 기분 좋은 목소리로 오늘도 고객을 기쁘게 만난다고 말한다.

그러나 좋은 설득 방법도 상대방 입장을 생각하고 진심으로 다가가야 한다. 그래서 정남 씨는 고객을 만날 때마다 마음속으로 다짐한다.

'내가 상대방의 입장이라면 어떤 유익이 있을까?'

이렇게 생각하며 컨설팅을 해주니 시간이 갈수록 충성 고객이 많아졌다고 한다. 정년이 없는 영업직에 오래 근무하려면 당장의 이익보다는 멀리 보고 진심을 담아 고객을 대해야 오래 인연을 이어가고 영향력을 미칠 수 있다.

SPEECH

칭찬 스피치는 상대를 움직이는 최고의 보약이다

칭찬은 노력으로 충분히 만들어진다

좋은 일을 했다거나 어떤 일을 잘했다고 생각하고 평가할 때 우리는 칭찬을 한다. 하지만 일상에서 칭찬의 용도는 이 밖에도 다양하다. 예를 들면 호감이 가는 사람과 대화를 시작할 때나 좋은 성과를 낸 조직원에게, 때론 아이들을 키우면서도 상황에 맞는 칭찬을 하는데, 이는 상대방을 인정하고 격려하는 말이 된다. 하지만 칭찬이 결코 쉬운 것만은 아니다.

한번은 내가 사는 지역 교육청에 일을 보러 갔는데, 벽에 붙은 슬로건이 내 눈을 사로잡았다. '하루 3번 칭찬하기'라는 표어였다. 직장에서도 서로를 칭찬하며 분위기를 바꾸려는 노력을 하는구나, 하는 생각이 들었다.

칭찬은 상대에게 힘과 용기를 주는데, 왜 실천하기가 어려울까? 그것은 우리 문화가 칭찬에 인색하기 때문이다. 특히 사회 지도층에 있는 분들은 칭찬을 무척 아낀다. 나에게 수업을 받는 장년층 중에도 사회적으로 지위가 높은 사람일수록 칭찬이 어렵다고 속내를 털어놓는다. '속으로 인정하면 됐지, 그걸 꼭 말로 해야 하나?'라는 생각이 칭찬을 못하게 만들고, 점점 더 칭찬하기가 어색해진다. 하지만 관심을 갖고 마음을 조금만 열면 누구나 칭찬의 달인이 될 수 있다.

친하게 지내는 지인 중에 K 경찰서 서장님이 있다. 하루는 식사를 하던 중 리더십에 관한 이야기가 나왔다.

"옛날과 요즘 경찰서의 리더십은 어떻게 달라졌나요?"

"많이 달라졌어요. 저희가 말단일 때는 상사들이 말을 하면 무조건 '예, 알겠습니다.'라며 따랐는데 요즘은 분위기가 옛날과 달라졌습니다. 그래서 말인데, 직원들과 소통도 잘되고 리더십을 발휘할 수 있는 좋은 방법이 있을까요?"

"서장님은 평소에 칭찬을 잘하시나요?"

"솔직히 많이 못하는 것 같아요. 저희 경찰은 아무래도 계급으로 이루어진 조직이다 보니 명령어를 많이 쓰고 있지요."

"그렇죠. 조직마다 분위기가 있긴 하지만 그래도 저는 상황에 맞는 칭찬이 리더십에 가장 중요하다고 생각합니다."

"그럴 수 있겠네요. 그런데 칭찬이 왜 어려울까요? 가끔 칭찬을 할 때도 표현하기가 쉽지 않아요. 큰 성과를 내면 당연히 잘했다고 칭찬하지만 사실 그럴 일이 많지 않더라고요. 그래서 소소한 성과는 그냥 지나치게 돼요."

그렇다. 많은 사람들이 눈에 띄는 큰 성과에는 칭찬을 아끼지 않고 박수를 보낸다. 하지만 둘러보면 소소하게 칭찬할 일이 많은데도, 그런 것들은 사소하다며 무시하기 쉽다. 나는 K 서장님에게 세대를 막론하고 통하는 리더십은 칭찬 스피치라는 것을 다시 한 번 강조했다. 그 후 K 서장님은 직원들의 사소한 일에도 관심을 갖고 칭찬을 했더니 사무실 분위기가 밝아지고 서로를 격려하게 되었다고 만족한 얼굴로 이야기했다.

그분에게 전했던 '칭찬의 달인이 되는 4가지 방법'을 소개한다.

첫째, 상대에게 관심을 가져라

나태주 시인의 <풀꽃>이라는 시는 짧지만 많은 사람에게 감동을 주었다.

"자세히 보아야 예쁘다. 오래 보아야 사랑스럽다. 너도 그렇다."

관심을 가지면 모든 것이 사랑스럽다는 완벽한 칭찬이다.

둘째, 타이밍에 맞게 칭찬하라

누군가를 칭찬해야 할 때 타이밍을 놓치면 칭찬의 효과가 떨어진다. 그래서 칭찬은 듣고 싶을 때, 듣고 싶은 만큼, 상대가 듣고 싶은 이야기를 하면 좋다.

셋째, 신선한 칭찬을 하라

비슷한 상황이라도 새로운 시각으로 보면 다른 칭찬이 된다. 늘 같은 표현은 의도적이고 형식적으로 느껴져 신선도가 떨어진다.

넷째, 결과뿐만 아니라 과정도 칭찬하라

사람들은 결과에만 의존하는 칭찬에 익숙하다. 올림픽이나 스포츠에서는 금메달을 따거나 우승한 팀에게만 스포트라이트가 집중되는데, 최선을 다한 다른 선수들도 칭찬받을 자격이 충분하다.

칭찬을 하는 이유

상대방을 진심으로 존경하거나 인정할 때 칭찬을 하게 된다. 마음속으로만 '정말 대단하다. 어떻게 저런 성과를 냈지?' 하고 생각하지 말고, 간단하고 명료하게 존경하고 인정하는 이유를 말하라. 지나친 아부 발언이 아닌, 진심을 담은 말이라면 충분히 당신의 마음이 전달될 것이다.

처음 만난 사람에게도 인사와 함께 가벼운 칭찬을 하면 쉽게 다가갈 수 있다. 상대방의 헤어스타일이나 옷 색깔, 액세서리, 목소리 톤, 표정 등에 관심을 가지면 칭찬 거리는 충분히 많다. 그 밖에도 조직 내에서 유대감을 갖기 위해서도, 상대에게 기대감과 할 수 있다는 용기를 줄 때도 칭찬은 유용하다.

'피그말리온 효과'라는 말이 있다.

조각가 피그말리온은 키프로스섬에 살았다. 자신이 사는 그 섬에는 마음에 드는 여자가 없었고 그는 오히려 여성들을 혐오하기까지 했다. 그런데 어느 날 그는 자신의 마음에 드는 이상형의 여자를 조각했고, 진심으로 완벽한 작품이라고 칭찬하며 그것을 사랑하게 된다. 그리고 이 조각상 여인이 자신의 아내가 되기를 간절히 기도했다. 그의 간절한 기도는 마침내 이루어졌고 두 연인은 행복하게 살았다는 이야기에서 유래한 말이다. 결국 관심을 갖고 칭찬을 하면 어떤 상황에서도 훌륭한 결과를 만들어낼 수 있다는 것이다.

이런 피그말리온 효과를 적용한 사례가 있다. 미국 하버드대학교 심리학과 교수인 로버트 로젠탈(Robert Rosenthal) 박사와, 20여 년을 초등학교 교장으로 지낸 레노어 제이콥슨(Lenore Jacobson)은 전교생을 상대로 지능검사를 했다. 그리고 그룹을 만들어 20퍼센트 정도의 학생들에게 결과에 상관없이 너희들은 지능이 뛰어난 학생이라고 말해주었다. 그런데 몇 개월이 지난 후 놀라운 결과를 보게 되었다. 그들의 평균 점수는 물론이고 학교 성적도 칭찬을 받지 못한 다른 그룹에 비해 기대 이상으로 올랐던 것이다. 이처럼 상대에게 관심을 갖고 기대하며 칭찬을 하면 사람의 마음을 움직여 능력보다 더욱 뛰어난 결과를 가져올 수 있다.

'칭찬은 고래도 춤추게 한다.'는 말을 모르는 사람은 없다. 하지만 그것을 실천하기 위해서는 세심한 배려와 관심이 밑바탕이 되어야 한다. 진정성 없이 무성의한 말로 칭찬한다면 상대 또한 형식적이고 의미 없이 받아들이게 된다.

일상에서 흔히 쓰는 "잘했네.", "멋있어.", "뭐든 잘하는구나." 같은 말은 제대로 된 칭찬이 아니다. 성의를 갖고 관심 있는 진짜 칭찬으로 바꿔보자.

"김 대리, 지난 영업 실적보다 이번 달이 월등히 잘했네. 수고했어.", "오늘은 넥타이가 화사하게 잘 어울려서 더 멋져 보이는데요.", "우리 팀에는 뭐든 잘하는 자네가 있어서 정말 다행이야."

이렇게 조금 더 구체적으로 의미를 부여하면 정말로 기분 좋은 칭찬이 될 것이다.

SPEECH

과거형은 버리고 현재를 말하라

행복해지려면 현재에 집중하라

"청년은 미래를 말하고, 장년은 현재를 말하며, 노년은 왕년을 말한다."

한겨레 그림판 〈조남준의 발그림〉 중 '술집 풍경'에 나오는 말이다.

나이가 들수록 과거를 추억하며 현재의 불만족을 대신하려는 사람들이 있는데, 이는 바람직하지 않다. 이미 지나간 시간은 되돌릴 수 없다. 작은 일이라도 현재에 의미를 부여하고 지금 이 순간을 즐겨야 진정한 행복도 느낄 수 있게 된다.

삼성생명 광고 중에 "라떼는 말이야~"라는 유행어가 있다. 이 유행어는 기성세대들이 자주 쓰는 '나 때는 말이야.'를 재미있게 패

러디한 표현으로, 자기 생각만 하는 '꼰대'들을 비꼬는 말이다. 광고모델 김병철은 말이 그려진 머그잔을 들고 "라떼는 말이야(Latte is horse)."라고 아재개그를 한다. 인터넷 방송에 열심인 조카에게 "야, 너 취직은 했니?"라고 했더니 "저 일하는 거예요."라고 한다. 아들 집에 온 시어머니가 텅 빈 냉장고를 보고 "밥은 해 먹니?"라고 했더니 "요즘 누가 집에서 밥을 해 먹어요?"라는 며느리도 나온다. 야근 중인 옆 팀 팀장이 "저녁 뭐 시켜줄까?"라고 하자 "퇴근시켜주세요."라고 말한다.

이렇게 시대가 변했다. 과거의 모습에 기준을 두고 '나 때는 말이야.'를 쓰는 당신이라면, 현실 파악이 잘 안 되고 있는 것이다. 이 광고는 이런 시대의 흐름을 잘 파악했고, 조회수 1,000만 회를 바라보고 있다.

지인 중에 대기업에서 명예퇴직을 한 분이 있다. 2년 정도 되었는데 아직도 대화 중에 과거의 대기업 시절 얘기를 빼놓지 않는다. 그 얘기를 듣고 있노라면 '저 사람은 언제까지 옛날 이야기를 하려나.' 하고 생각하게 된다.

반면 교육청에서 국장으로 정년을 맞은 분이 있다. 대부분의 사람들은 퇴임할 때의 호칭을 그대로 부르는데, 그분은 한사코 그 호칭을 마다한다. 자신도 정년퇴임을 한 지 얼마 되지 않아 아직도 국장으로 착각할 때가 있다고, 그러니 이제는 이름을 불러달라고 한다. 그래야 과거에서 벗어나 현실을 직시하게 된다고 말이다. 현재의 자기 모습에 적극적으로 다가서려는 그분의 모습이 멋져 보였다.

과거의 성취보다 존재하는 현재를 만나라

지난 시절 많은 성과와 성취를 누렸다면 그 또한 좋은 업적이 될 수 있다. 하지만 세상은 늘 변하고, 그에 따라 새로운 것을 받아들여야 한다. 그래서 비록 과거보다는 못하더라도 지금 이 순간 자신이 하는 일, 자기 곁에 있는 사람이 소중한 것이며, 우리는 각자에게 주어진 지금 이 순간에 최선을 다하고 즐기는 인생을 살아야 한다.

《논어》에 "지지자는 불여호지자요, 호지자는 불여낙지자("知之者不如好之者 好之者不如樂之者)."라는 말이 있다. '무엇인가를 아는 것보다 좋아하는 것이 한 수 위요, 좋아하는 것보다 더 윗수는 즐기는 것이다.'라는 말이다. 즐기는 것은 현재, 이 순간에 이루어진다는 의미로 마음에 새기면 좋은 말이다.

호준 씨는 초등학교 교장 선생으로 근무하다 정년퇴임을 했다. 평생을 교직에 있으면서 학생들을 지도하고 학교를 이끌어나갔다. 근무를 하면서 시간이 날 때는 틈틈이 평소에 관심 있었던 붓글씨 연습과 한자 공부를 했다. 그는 정년 후 그동안 쌓았던 실력을 발휘해 평생교육원과 문화원에 출강하고 있다. 그동안의 취미생활을 이용하여 이제는 성인들을 지도하면서 인생 이야기도 하고 작품 전시회도 가끔 한다. 교장이었다는 신분을 내려놓고 강사로 활동하면서 현재를 즐기니 편안함을 느끼게 되었다고 한다.

수강생 중 종배 씨는 젊어서부터 운동을 좋아했다. 특히 야구를 좋아해서 아마추어 야구선수로까지 활동했다. 그런데 40대 후

반이 되면서부터 몸이 안 따라주고 실력도 점점 줄어갔다. 그렇지만 야구가 너무 좋았던 종배 씨는 야구 감독으로 활동 중이다. 직접 선수로 뛰지는 못하지만, 감독은 팀 전체를 관리하고 작전을 짜고 선수들을 코칭하다 보니 오히려 또 다른 즐거움을 느낀다. 과거의 선수 시절 못지않게 현재의 감독 역할을 즐기는 종배 씨는 진정한 '카르페 디엠(Carpe diem)'을 느끼고 있다. 카르페 디엠은 '현재를 즐겨라.'라는 라틴어 표현이다.

현재를 행복하게 살 수 있는 3가지 방법

현재를 행복하게 살 수 있는 방법으로 나는 다음의 3가지를 추천하고 싶다.

첫째, 마음을 비워라

무엇인가 채우려면 마음이 복잡해지고 해야 할 일도 많다. 단 하루만이라도 짬을 내 멈추고 마음을 비워보자. 그 순간이 평온함으로 채워지면 행복하다. 나 역시 비움을 실천하기 위해 한 주의 하루는 나를 위한 날로 정했다. 그날은 혼자 여행도 가고 집에서 하루종일 책을 보거나 영화를 보며 휴식의 시간을 갖는다. 이런 비움의 시간이 행복으로 채워지는 게 너무 좋다.

둘째, 비교하지 마라

자신에게 있는 장점과 가능성에 초점을 맞추면 좀 더 행복할 수 있는데, 자꾸 비교를 하다 보니 불만이 생기고 현재를 즐길 수 없게 된다. 남을 의식하지 않고 자신만의 멋진 인생을 산 니코스 카잔차키스(Nikos Kazantzakis)의 《그리스인 조르바》 속 주인공 조르바를 보면 욕심 없이 모든 걸 비우고, 비교하지 않으면서 현재를 즐겁게 사는 모습이 매우 인상적이다. 카잔차키스의 묘비명에는 '나는 아무것도 바라지 않는다. 나는 아무것도 두려워하지 않는다. 나는 자유다.'라고 쓰여 있다고 한다. 맞다. 진정한 행복은 자유이고, 자유는 비교하지 않을 때만 가능하다.

셋째, 남을 지나치게 의식하지 마라

남을 많이 의식하는 사람은 눈치를 보게 되고 그렇게 되면 자존감이 떨어져 결코 현재의 행복을 누리지 못하게 된다.

수강생 중 은임 씨는 전업주부로 평생을 살다가 아이들을 다 키워놓고 취업 전선에 뛰어들었다. 하는 일은 제품을 설명하고 판매하는 일이다. 구매자를 설득하는 설명을 해야 하는데 쉽지 않았다. 먼저 들어온 선배들을 보니 자연스럽게 말도 잘하고 판매 실적도 쑥쑥 올리는데 자신은 왜 이렇게 말이 안 나오는지 답답해하다가, 이를 극복하기 위해 퍼스널 브랜딩 스피치 수업을 시작하게 되었다. 그런데 스피치 수업에서도 마찬가지이다. 여러 사람들과 함께하는 그룹 수업에서 말을 잘하는 사람들을 보면 주눅 들어 한다. '나도 저렇게 할 수 있을까?'라는 생각을 하니 수업에 나오는 것조차 두려워진다.

이런 마음은 남을 지나치게 의식하기 때문에 생기는 것이다. '나는 나다.' 남을 지나치게 의식하지 말아야 자기 안에 잠재되어 있는 가치를 발견하게 되고, 그것이 퍼스널 브랜딩 스피치의 핵심이기도 하다. 이제 은임 씨는 위의 3가지 방법을 골고루 활용하는 스피치를 공부하면서 현재를 즐기는 중이다.

SPEECH

경험은 살리되 고집은 버려라

과거의 경험을 살려 현재의 나를 만들어라

'온고이지신(溫故而知新)'은 《논어》에 나오는 말로, '옛것을 익히고 그것을 이루어서 새것을 안다.'는 뜻이다.

인생을 살다 보면 많은 것들을 경험하게 되는데, 그런 경험은 물질적 가치로 평가할 수 없을 만큼 귀한 노하우가 된다. 그래서 온고이지신은 이 시대에 더욱 필요한 것 같다. 특히 중장년층이 과거의 수많은 경험을 살려 미래의 원동력을 만든다면 개인의 발전은 물론 국가의 경쟁력도 될 수 있다. 하지만 이때 자기 경험이 전부인 양 고집하면 '꼰대'가 되고 만다. 자신도 모르는 사이에 꼰대가 된 사람들은 본인의 생각을 보편적 가치로 착각하고 타인에게 강요한다.

수강생 중에 35년을 소방공무원으로 일하다 퇴직한 민오 씨가 있다. 그는 평생 소방 업무를 하면서 수많은 경험을 했다. 구급차를 타고 위급한 상황에 처한 사람을 수십 명 구했고, 목숨을 걸고 불을 끄러 들어간 적도 셀 수 없을 만큼 많다. 이렇게 수많은 사람들을 지켜주고 재산을 보호했던 시절이 지나고 정년이 되어 퇴직을 하였다. 그런데 시간이 지날수록 무료하고 답답함을 느꼈다. 이제 고작 60대 초반인데 이대로 세월을 보내는 것이 아쉬웠다. 소방관으로 평생을 살았기에 그 분야에 재취업을 하려 했지만 그것도 어려웠다. 호칭부터 역할, 급여 등 여러 가지 조건 때문에 회사 대표보다 나이가 많은 그를 채용하려는 곳이 많지 않았다.

다행히 한 곳에서 연락이 와 재취업을 할 수 있었지만, 막상 출근을 하고 보니 공무원 시절과는 너무 다른 환경이었다. 자꾸 옛날 생각이 나서 답답한 부분도 많았지만, 그는 지난 과거를 모두 내려놓고 오직 지금 맡겨진 업무에만 충실하려고 노력했다. 그리고 늦은 감이 있지만 컴퓨터도 배우고 책 읽기와 영어 공부도 시작했다. 이렇게 민오 씨는 온고이지신을 실천하면서 주변 친구들의 부러움을 사고 있다.

경험은 살리되 고집을 버리고 새로움을 받아들여야만 젊은 세대와 공존하는 액티브 시니어가 될 수 있다.

내 생각이 꼭 정답은 아니다

나이를 먹을수록 지갑은 열고 입은 닫으라는 말이 있다. 나이를 먹을수록 새로운 변화를 받아들이는 것이 어렵고, 자신의 경험이 전부인 양 본인 뜻만 주장하는 고집이 생기기 때문에 이를 조심하라는 말이다.

나이가 지긋하거나 한 분야에서 오래 일한 사람들은 종종 자기 생각만을 끝까지 주장하는 경우가 많다. 그러나 자신의 생각이 꼭 정답은 아니다. 가끔 자기 생각이 정답인 것처럼 목소리가 커지면 스스로를 돌아볼 필요가 있다. 상대방 이야기를 경청했는지, 질문 화법으로 말을 주고받는지를 생각하다 보면 고집스러운 말하기에서 벗어날 수 있다.

지인 중에 일찍 박사학위를 받고 교수가 되어 학생들을 지도하고 사회에서도 영향력 있는 활동을 한 창종 씨가 있다. 그는 여러 사람이 모인 자리에서 이야기를 하다 보면 항상 자기 생각을 강하게 주장한다. 서로 주고받는 것이 대화인데 그는 일방적으로 자신의 주장만 되풀이할 뿐 다른 사람의 말을 들으려 하지 않는다. 그래서 하루는 차를 마시면서 그에게 조언을 했다.

"창종 씨는 다 좋은데 자신의 생각이 전부인 것처럼 말할 때가 있어요."라고 했더니 순간 당황한다. 사실 본인은 자신의 화법이 그 정도인 줄 몰랐던 것이다. 그 후 그는 이 말을 긍정적으로 받아들이고 변화하기 시작했다.

몇 달 후에 만난 창종 씨는 깜짝 놀랄 만큼 변해 있었다. 상대방의 말에 귀를 기울이고 자신의 의견도 적당하게 꺼냈다. 이처럼 변하기는 쉽지 않으며, 자신의 주장이 강하고 고집도 세다는 걸 잘 모르는 경우도 많다. 이때 상대방이 기분이 상하지 않게 조언을 해 주는 것도 서로를 위해 좋은 일이 아닐까.

액티브 시니어, 경험을 살리면 국가 경쟁력도 높아진다

우리나라는 일제로부터 해방되고 얼마 지나지 않아 6.25 전쟁을 치르고 폐허가 된 나라였다. 그러나 불과 70년도 되지 않아 전 세계에 유례없는 경제성장을 이루고, 지금은 잘사는 나라가 되었다. 우리 부모님 세대가 가장 중추적인 역할을 했고 이어 지금의 장년 세대가 더 발전된 모습으로 이어가고 있다. 이들은 학력도 높고 다양한 경험도 갖춘 그야말로 액티브한 삶을 살고 있다. 거기에다 의료기술의 발달로 이제는 100세 인생이란 말이 당연해졌다. 그러나 한편으로는 저출산 고령화로 국가 경쟁력이 떨어져가는 시점이다.

이런 상황에서 액티브 시니어의 역할은 매우 중요하다. 내가 이 책을 쓴 이유도 액티브 시니어들이 퍼스널 브랜딩 스피치를 통해 자신의 가치를 찾고 경험을 다시 살릴 수 있는 기회가 되기를 바라기 때문이다. 평생을 만들어온 소중한 경험을 사장시키는 일은 개인적으로나 국가적으로 엄청난 손실이다.

4차 산업혁명으로 앞으로는 더욱 인공지능이 발달할 것이고 컴퓨터를 이용한 첨단화된 시스템이 모든 일터에 도입될 것이다. 하지만 아무리 세상이 바뀌어도 사람만이 할 수 있는 지혜로운 영역 또한 필요하다. 이때 빼놓을 수 없는 것이 경험을 살린 노하우와 유연성 있는 사고력으로 상대와 소통하는 능력이다. 각자의 현장에서 활동했던 경험을 소통을 통해 나눌 수 있다면 그것들이 모여 국가 경쟁력을 만들 수 있기 때문이다.

2015년에 영화 <인턴>이 개봉되었다. 이 영화는 40년을 일하고 은퇴한 노인 벤과 젊은 여성 CEO 줄스의 이야기를 통해 세대 갈등을 잘 풀어가는 내용이다. 은퇴 후 새롭게 인턴으로 뽑힌 벤은 많은 경험을 하며 인생을 살아왔지만 변해가는 시대를 따라가기가 힘들다. 그러나 어느 날 CEO 줄스의 운전을 해주면서 대화의 시간을 갖게 된다. CEO로 열심히 일하는 그녀는 가정에서도 회사에서도 바쁘다. 하지만 늘 지쳐 있었고 모든 것을 내려놓을 지경에 이른다. 결국 아버지 같은 벤의 보살핌이 자녀 세대인 줄스에게 큰 도움이 된다.

벤 덕분에 줄스는 깨질 뻔했던 가정도 지켜낼 수 있었고 회사에서 능력도 발휘할 수 있게 된다. 비록 인턴사원으로 회사에 들어왔지만 젊은 세대가 놓치는 소중한 부분을 잘 챙겨주며 세대 간의 어려움을 잘 표현했던 영화였다. 지금도 생생하게 기억나는 대사는 "손수건을 갖고 다니는 가장 큰 이유는 빌려주기 위해서야."라는 말이다. 성숙한 노신사의 모습에서 인생의 경험을 살리면서 고집스럽지 않게 젊은 세대와 소통하는 모습이 무척 인상적이었다.

나의 퍼스널 브랜딩 스피치 수업에는 장년 세대와 청년 세대가 공유하는 프로그램도 있다. 함께 영화를 보거나 탁구, 등산, 마라톤 등 운동도 자주 한다. 이런 활동을 통해 서로 다른 세대와 교류하면서 공감하고 느낀 점을 토론한다. 같은 것을 보고, 각자 다른 느낌을 말하는 이 프로그램은 세대를 이해하는 소통의 장이 된다.

스피치 수업에 오는 청년들 대부분이 취업 전이거나 무엇을 해야 할지 막연한 상태이다. 특별한 계획이 없다 보니 늦게까지 게임을 하거나 친구를 만나면서 시간을 보내는 경우가 많다. 이처럼 부모님이 아무리 잔소리를 해도 고쳐지지 않은 상태에서, 자신감을 키우고 당당한 말하기를 위해 스피치 교육을 받으러 왔지만, 그들이라고 뭔가에 도전하고 인정받고 싶은 욕구가 왜 없었겠는가? 다만 동기부여나 기회를 찾지 못했을 뿐이다.

이런 상황에서 만난 청년들에게 내가 가장 먼저 하는 것은 현재의 삶을 돌아보게 하는 것이다. 생각 없이 살던 일상이 말로 표현되는 순간, 자신의 삶을 직시하게 된다. 변화를 위해서는 자신을 돌아보는 것이 우선이다. 그리고 하루의 일상을 계획하고 자신이 원하는 것들로 채워나간다. 그러면 처음에는 '과연 나도 할 수 있을까?'라는 생각으로 막연해하던 그들도 동기부여를 통해 스스로 변해가는 모습에 깜짝 놀란다.

나는 지금까지 수백 명의 청년들을 코칭하면서 그들도 세상에 나아가 건강하고 자신 있게 활동하고 싶어 한다는 것을 알았다. 따라서 어른들도 자신의 입장에서만 청년들을 바라보지 않고, 그들의 입장을 생각하는 시간을 갖다 보면 소통이 가능해진다. 그런데 가끔 어른들 중에는 상대방이 나이가 어리다는 이유로 반말을 쓰거나 그들의 생각을 무시하게 되는 경우가 있다. 그런 이는 소통이 안 되는 '꼰대'가 되고 마는 것이다. 하지만 반대로 젊은 세대를 진정으로 이해하며 존중하는 대화를 나누다 보면 오히려 청년들에게 존경받는 액티브 시니어가 될 수 있다.

끝까지 경청하라

대화의 또 다른 방법, 경청

대화에는 말을 하는 사람과 듣는 사람이 있어야 한다. 그런데 듣기보다 말하기를 좋아하는 사람들의 습성은 쉽게 고쳐지지 않는다. 다른 이의 말을 잘 듣는 사람들 중에는 자기는 할 말이 없거나 말을 잘 못하기 때문에 주로 듣고 있는 경우도 종종 있다.

그러나 경청과 듣기는 다르다. 듣는 것은 귀를 통해 들어온 감각이 뇌로 이동해서 일어나는 청각적 활동인 반면, 경청은 듣기 과정을 통해 수신된 메시지에 관심을 갖고 이해를 하는 것이다. 상대방이 말을 하면 제대로 듣고 느껴서 소통이 되어야 하는데, 이때 끝까지 경청하는 것이 중요하다. 사람들은 상대방의 이야기를 어느 정도 듣다가도 시간이 조금 지나면 중간에 말을 가로채거나 자기가 할 말을 머릿속에 생각하는 경우가 있다. 그렇게 되면 상대방의 의도나 생각을 제대로 파악하지 못하고 대충 흘려듣게 된다. 그래서 나는 퍼스널 브랜딩 스피치 수업에서 '경청하기'를 중요하게 생각하고 연습시킨다.

상대방이 아무리 좋은 말을 해도 내가 제대로 듣지 못하면 대화는 매끄럽지 못하다. 특히 여러 사람 앞에서 말하는 그룹 수업에서는 자주 '경청 스피치' 훈련을 한다. 자신도 잘 들어야 하고, 또 상대방이 잘 들을 수 있게 말하는 것도 중요하다. 경청 스피치 연습 방법 중 하나는 상대방이 한 말을 그대로 따라 해보는 것이다. 그러면 상대방의 이야기를 얼마나 잘 들었는지 바로 확인이 된다. 경청을 할 때 메모하는 습관도 중요하다. 상대방 말을 기억하는 데는 한계가 있기 때문에 핵심만 간추려 메모하는 습관도 경청 방법 중의 하나가 된다.

경청, 리액션으로 답하라

경청을 잘하고 있다는 리액션은 온몸으로 할 수 있다. 상대가 이야기할 때 눈 맞춤을 잘하고, 상황에 맞는 말과 함께 고개를 끄덕여 조화를 이루면 된다.

예를 들면, 상대방 말에 동의할 때는 "네, 그렇군요.", 격려를 할 때는 "정말 멋지네요.", 이해할 때는 "네, 무슨 뜻인지 알 것 같아요.", 진실에 대해서는 "네, 맞습니다."라고 반응해주면 소통도 잘 되고 신뢰감도 생긴다.

50대 중반의 경화 씨를 코칭한 적이 있다. 경화 씨는 아들만 둘인데 머지않아 며느리를 보게 될 예정이었다. 평소에 말을 많이 안 하고 들어주는 성격인데, 새 식구가 들어오면 대화를 잘해야 친해질 것 같다는 생각에 스피치 수업을 듣게 된 것이다. 상담을 하고 첫 수업을 진행하는데 속에 있는 이야기를 풀어놓는다.

"원장님, 저는 원래 말을 안 하는 내성적인 성격이 아니었어요. 결혼 후, 남편 성격이 워낙 급하고 다혈질이다 보니 하고 싶은 말을 못하고 살았어요. 그래서 속상한 감정도 꾹꾹 참으며 견디다 보니 이젠 습관처럼 감정 표현도 잘 안 하게 되고 말수도 줄어든 것 같아요. 원장님이 제 말을 잘 들어주고 공감해주시니 금방 친해진 느낌이 드는데요, 저도 며느리가 들어오면 꼭 경청을 잘하면서 상황에 맞는 리액션도 해봐야겠어요."

사람은 누구나 자신의 말에 진심으로 귀 기울여주는 사람에게 마음이 열리게 되어 있다.

스피치를 잘하기 위한 경청 자세

경청은 온몸으로 하는 것이다. 눈, 입, 자세, 표정, 마음까지 같이 움직여야 진정한 경청이 되고, 스피치를 잘하는 데도 도움이 된다. 그런데 경청이 이렇게 중요한데도 불구하고 사람들은 나이가 들수록 자기 말만 하려는 경향이 생긴다. 그래서 나이가 어린 사람들이 말을 할 때도 성의 있게 듣는 자세가 필요하다. 경청의 자세를 살펴보면 다음과 같다.

〈나의 경청 자세 체크리스트〉

- 눈 맞춤을 잘해야 한다.
  → 이때 똑바로 쳐다보는 것이 어색하면 코나 인중을 봐도 된다. 그러나 시선이 전혀 다른 데를 향하거나 주의가 산만하면 바른 경청 태도가 아니다.
- 입은 맞장구를 쳐준다.
  → "아, 그렇지.", "맞아, 내 생각도 그래."라는 감정 표현을 해주고 대화를 이어나가는 질문도 한다. 화자의 말끝을 따라 반복하는 것도 좋다.
- 자세는 상체를 약간 앞으로 당겨 앉으면 좋다.
  → 다리를 꼬고 앉거나 의자 등받이에 너무 깊숙이 앉으면 자칫 상대의 말이 듣기 싫은가 하는 오해를 불러일으킬 수 있기 때문에 좋은 경청 자세가 아니다. 예를 들면 앞으로 당겨 앉으면 상대방이 내 이야기에 관심을 가지고 있다는 느낌을 줄 수 있다.
- 표정은 대화의 내용에 따라 변할 수 있으나 가벼운 미소와 함께 상황에 맞는 표정을 짓는 것이 중요하다.

→ 상대가 기쁜 말을 할 때는 같이 좋아하고, 진지할 때는 그에 따른 표정을 하면 된다.

• 마음은 흥미와 성의를 갖고 경청해야 한다.

→ 상대가 편안한 느낌을 갖도록 하며 진심을 보여야 제대로 된 경청이 된다.

《탈무드》에는 이런 말이 나온다.

"사람의 귀가 둘인데 입이 하나인 것은 진지하게 경청하고 말수는 적게 하라는 뜻이다."

그래서 7:3 법칙에 따라, 듣는 것이 7이라면 말하기는 3 정도로 하는 것이 바람직하다.

인기 있는 TV 진행자들은 이 방법을 잘 활용한다. KBS의 대표적인 장수 프로그램 〈아침마당〉을 1998년부터 2016년까지 무려 18년이나 진행한 이금희 아나운서는 누구보다 경청을 잘한다. 패널들의 이야기에 공감하며 같이 울고 웃는다. 그녀가 이웃집에 놀러 온 것처럼 편안하게 진행하는 것은 공감하는 경청에 그 비밀이 숨어 있다고 생각한다.

경청의 달인이라는 별명이 붙은 사람들은 확실히 태도가 다르다. 평소에도 상대방 말에 귀를 기울이는 습관이 있고 리액션도 확실하다. 그런 사람들은 적극적인 경청을 넘어 공감하는 경청 방법으로 주변과 잘 소통한다.

《성공하는 사람들의 7가지 습관》의 저자 스티븐 코비(Stephen

Corey)가 말한 '경청의 5단계'를 참고하는 것도 도움이 될 것이다.

1단계 : 무시(Ignore)하는 단계

주변에서 말을 할 때 거의 기억하지 않고 흘려듣는 무관심 수준이다. 상대방 이야기를 거의 듣지 않고 자기 생각에만 빠져 이야기의 내용을 기억하지 못하는 경우이다.

2단계 : 듣는 척(Pretend) 단계

겉모습은 듣는 것 같지만 결국 내용 파악도 안 하고 형식적인 대답만 한다. 스마트폰을 보거나 다른 일을 하면서 대충 대답만 하는 등 듣는 척은 하지만 결국 아무 내용도 소통이 안 되는 경우이다.

3단계 : 선택적(Selective) 경청 단계

자신이 필요한 말만 듣고, 상대를 인정하기보다는 자기 기준으로 판단하면서 듣는 방법이다. 특히, 나이를 먹을수록 자신이 듣고 싶은 것만 듣고 해석하는 경우가 많기 때문에 전체적인 흐름을 파악하는 경청이 중요하다.

4단계 : 적극적(Attentive) 경청 단계

상대의 말에 내용도 파악하고 잘 듣고 있음을 적극적으로 표현하는 방법이다. 상대가 말을 할 때 집중하고 리액션도 적당히 하면서 소통하는 경청 단계이다.

5단계 : 공감적(Empathic) 경청 단계

경청의 단계 중 가장 바람직한 단계로 상대와 진심으로 공감하며 듣는 단계이다. 상대가 슬픈 이야기를 하면 같이 울어주고 기쁜 말을 하면 자기 일처럼 좋아하게 되는 것이다. 마지막 경청 단계까지 잘하면 누구와도 소통이 잘될 수 있다.

SPEECH

논리적으로 말하기 : 책 속에 길이 있다

책을 읽고 느낌을 표현하자

유대계 독일 작가 프란츠 카프카(Franz Kafk)는 자신의 책에서 "우리가 읽는 책이 우리 머리를 주먹으로 한 대 쳐서 우리를 잠에서 깨우지 않는다면 도대체 왜 우리가 그 책을 읽는 거지? 책이란 무릇, 우리 안에 있는 꽁꽁 얼어 있는 바다를 깨뜨려버리는 도끼가 아니면 안 되는 거야."라며 책은 도끼가 되어야 한다고 주장했다. 통나무같이 굳어진 사고를 깨는 도구가 바로 책이라는 말이다.

한편 소통이 되지 않으면 개인이나 국가적으로도 엄청난 손실과 갈등을 겪게 된다. 그리고 소통의 중심에는 논리적인 말하기가 있다. 논리적인 말하기란 앞뒤 문맥이 맞고 전하고 싶은 메시지가 체계적으로 구성되어 표현되는 것이다. 아무리 좋은 말을 하고 싶어도 논리적이고 체계적인 말하기가 되지 않으면 전달력이 떨어지고 소통도 안 된다. 나는 가끔 이런 질문을 받는다.

"원장님, 논리적으로 말을 잘하고 싶으면 꼭 책을 많이 읽어야 하나요?"

논리적으로 말을 잘하려면 분명히 머릿속에 뭔가가 들어 있어야 되지 않을까, 하는 생각에서 나온 말이다. 물론 책을 읽는다고 해서 저절로 스피치 실력이 느는 건 아니다. 하지만 스피치의 어휘력은 독서를 하고 표현을 할 때 가장 빨리 성장한다. 그래서 무조건 책을 많이 읽는 것보다는 제대로 읽고 제대로 느끼는 것이 더 중요하다. 그리고 이 느낌을 정리된 말로 표출할 때 비로소 책에서 주는 어휘력과 논리성이 스피치에 도움이 된다.

그래서 나의 퍼스널 브랜딩 스피치 수업은 책을 읽고 느낌을 표현하는 것으로 시작한다. 스피치 교육을 위해 상담을 하다 보면 어느 정도 책을 읽는 취향이나 실력이 보인다. 개인의 눈높이에 맞는 책을 선정해주고 읽게 한 뒤, 책 속에서 공감하는 부분이나 기억하고 싶은 구절이 나오면 줄을 긋고 말로 표현해보는 연습도 하도록 한다. 꾸준히 하다 보면 처음에는 어려워했던 사람들도 시간이 지날수록 생각이 정리되고, 논리적인 말하기를 잘하게 된다. 이렇게 생각의 근육이 키워지면 그 생각에 자신의 색깔을 입힌다. 책에서 받은 느낌이 자신과 어떤 연관이 있는지 떠올려보고 표현하면 확실히 자기다운 스피치가 된다. 따라서 책 읽기만큼 사고력을 키워 다양한 표현을 만드는 방법은 없다.

논리적인 말은 꾸준한 독서에 숨어 있다

요즘은 영상매체가 워낙 발달하다 보니 책 읽기가 더욱 쉽지 않다. 통계에 따르면 2018년 우리나라 성인의 1년 독서량은 종이책이 4.66권이고 전자책은 3.6권에 불과하다. 하지만 책 읽기는 꼭 필요한 일이다. 책을 읽으면 사고력을 키우는 데 도움이 될 뿐만 아니라 삶의 방향까지 안내해주는 역할을 한다. 특히 스피치에서 책 읽기는 요리를 하기 위해 다양한 재료를 준비하듯이 말하기의 재료인 단어나 문맥을 파악하는 데 꼭 필요하다.

또한 책읽기는 스피치 스킬 면에서도 도움이 된다. 책을 통해 발전시킬 수 있는 스피치 스킬 향상 방법을 소개한다.

〈스피치 스킬을 향상시키는 방법〉

- 책을 소리 내서 읽는다.
  → 책을 소리 내서 읽다 보면 말의 속도나 억양 조절에 도움이 된다.
- 발음, 발성 연습도 된다. '아', '하' 같은 단어로 시작되는 낱말을 입을 조금 크게 벌려서 연습하면 정확한 발음 만들기가 된다.
- 책을 말하듯이 읽으면 자연스러움을 느끼게 된다.
  → 강약, 멈춤, 고저장단을 살려서 연습하면 생동감이 생긴다.
- 소리 나는 대로 읽어보자.
  → 연음법칙이나 두음법칙을 잘 적용해 소리 나는 대로 발음

하면, 아나운서나 TV 진행자들처럼 귀에 잘 들리는 말하기를 할 수 있다.

• 기억에 남는 문장이나 좋은 문구는 따로 메모를 하거나 줄을 긋는다.

→ 단어나 문맥을 적절히 사용하는 데 도움이 된다.

이런 방법으로 꾸준히 책을 읽고 내용도 정리해보면 논리적인 말하기가 된다.

가족 모두에게 스피치 교육을 한 적이 있다. 먼저 수업을 받으러 온 사람은 아빠인 우현 씨다. 우현 씨는 대기업 노조 위원으로 활동 중이라 남 앞에 서서 말할 기회가 많았다. 더욱 논리적이고 설득력 있는 말하기를 위해 스피치 교육을 받으러 온 것이었다.

퍼스널 브랜딩 스피치 수업의 시작은 '책을 읽고 느낌을 표현'하는 것이기에 책 읽기를 권했다. 우현 씨는 대학 졸업 후 독서에 소홀했다며 숙제로 내준 추천 도서를 꼼꼼히 읽어 왔다.

"원장님, 그동안 바쁘다는 이유로 책을 못 읽었는데 스피치 수업을 하면서 새로운 마음으로 독서를 시작하니 너무 행복합니다."

그 후 우현 씨는 인문학, 철학, 고전까지 다양한 장르를 읽으면서 사고력을 넓혀갔고 스피치 실력도 일취월장했다. 이렇게 변화를 느낀 우현 씨는 고등학교 1학년인 둘째 아들 민수를 수업에 보냈다. 당시 민수는 주로 스마트폰 게임으로 시간을 보냈고, 장래에 하고 싶은 일도 꿈도 없었다. 그러나 스피치 교육을 받으며 독서의 중요성을 깨닫게 되었고 마음도 차츰 열려 책을 읽기 시작했다. 《꿈꾸는 다락방》, 《갈매기의 꿈》, 《연금술사》, 《어린 왕자》, 《멈추지 마, 다시 꿈부터 써봐》 등 민수의 눈높이에 맞는 책을 추천하며 읽게 했다. 그렇게 책 읽기로 토론도 하고 스피치 스킬도 배우다 보니 민수는 점점 독서에 흥미를 느꼈고, 시간의 소중함도 깨닫게 되어 자기 스스로 스마트폰을 폴더폰으로 바꾸기도 했다. 그리고 법 관련 행정 공무원이 되겠다는 꿈도 생겼다. 꿈과 목표가 생기니 생활도 완전히 달라졌고, 스피치 실력도 쑥쑥 늘었다.

그다음으로 스피치 교육을 받으러 온 건 큰아들 은성이다. 은성이는 대학을 중퇴하고 공무원 시험에 두 번 떨어진 상태였다. 본인도 많이 실망했고 부모님들도 뒷바라지에 지쳐 있었다. 은성이는 자신감도 떨어지고 우울한 상태였지만 다시 용기를 내기 위해 나를 만나러 왔고, 스피치를 통해 용기를 내기 시작했다.

힘들고 위안이 필요할 때는 독서가 마음을 안정시켜주고 자신을 돌아보는 데 효과적이라는 생각에, 상담을 마친 후 박웅현 작가의 책 《여덟 단어》로 수업을 시작했다. 책 내용 중에 나오는 '인생은 마라톤이다.', '세상에 공짜는 없다.', '정답은 내가 만든다.'는 이야기들을 나누다 보니 은성이도 조금씩 마음의 안정을 찾아갔다. 그리고 다시 힘을 얻어 시험 준비를 시작했고, 지칠 때마다 카톡으로 안부도 보내왔다. 이렇게 열심히 노력한 은성이는 드디어 얼마 전 공무원 시험에 최종 합격했다는 소식을 가지고 찾아왔다. 은성이는 책을 많이 읽지는 못했지만 한 권의 책을 깊이 읽고 깨달아 자신을 돌아보게 되었고, 새로운 힘을 얻어 변화된 삶을 살게 되었다.

가족 중 마지막으로 수업을 받으러 온 사람은 엄마인 은희 씨이다. 은희 씨는 K대 법대를 우수한 성적으로 졸업하고 일찍 법조계의 공무원이 되었다. 이번 진급 시험에서는 5급으로 승진도 되었다. 직급이 올라갈수록 여러 사람들을 통솔하고 리더십을 발휘해야 하기에 스피치의 필요성을 느끼게 된 것이다. 은희 씨는 수줍음이 많은 성격이라 당당한 말하기로 주변 사람들과 소통하기를 원했다.

이번에도 교육의 시작은 책읽기였다. 은희 씨에게는 고도원 작가의 《혼이 담긴 시선으로》라는 책으로 훈련을 시작했다. 은희 씨는 책을 꼼꼼히 읽었고 3분 스피치 원고도 만들어왔다. 그동안 남편과 두 아들의 변화를 보면서 '나도 가능할까?'라는 생각을 했는데 막상 수업을 받고 보니 내면에서부터 변화되는 자신이 놀랍다고 말했다. 그리고 논리적이고 체계적인 말하기는 역시 책을 읽는 방법이 최고라는 칭찬까지 아끼지 않았다.

나는 지금까지 7년 동안 스피치 교육을 하면서 수천 명이 넘는 수강생을 배출했다. 그중에 우현 씨 가족을 코칭한 것이 가장 보람 있는 기억으로 남는다. 가족 모두가 책을 통해 논리적인 말하기를 익히는 것은 물론 삶의 방향까지 달라졌기 때문이다.

SPEECH

스피치의 핵심은 진솔함이다

스피치는 진정성과 진솔함이 담겨야 의미가 있다

스피치는 진정성이 중요하다. 진솔함이 빠지면 아무리 화려한 언변도 "말만 잘하네.", "말은 잘하네." 같은 소리를 들을 수 있다. 상대를 감동시키고 공감 가는 대화를 하려면 화려한 수식어가 들어간 말보다 편안한 일상용어가 더 전달력도 있고 소통에 도움이 된다. 나는 첫 수업에 들어가면 먼저 진솔하게 내 얘기를 한다.

나는 경기도 포천의 가난한 집 5남매 중 장녀로 태어났다. 우리 땅이 한 뼘도 없어 이웃집 논을 얻어 농사를 지어야 했다. 가을에 추수를 하면 반은 지주에게 주고, 나머지 반으로 할아버지와 부모님, 우리 형제까지 여덟 식구가 1년을 살아야 했다. 거기다 아버지가 술을 무척 좋아하셔서 어머니 혼자 농사지으랴 자식들 챙기랴,

말로 표현하기 어려울 정도의 고생을 하셨다. 이런 환경이라 나는 어렵게 여고를 졸업했지만 대학은 꿈도 꾸지 못했다. 다행히 지인의 도움으로 서울로 올라와 작은 회사에 취직했다.

첫 월급을 받던 날, 나는 그동안 너무 배우고 싶었던 피아노와 플루트 공부를 시작했다. 철들어 시작한 피아노와 플루트 공부는 내게 희망과 용기를 주었다. 결혼을 한 후에는 뒤늦게 음대에 들어가 플루트를 전공했다. 그 후 20여 년간 음악학원을 운영하며 아이들을 가르쳤고, 사회 활동도 적극적으로 했다. 중고등학교 시절에는 교회와 학교에서 사회도 보았고, 우리 아이들이 학교 다닐 때는 전교 어머니 회장도 하면서 리더십을 발휘했다. 그리고 노력 끝에 스피치 학원 원장이 되었다.

이렇게 나의 지난날을 꾸밈없이 이야기하면 처음 만난 사람일지라도 자신의 속 이야기를 하면서 마음의 문을 연다. 그래서 진솔한 스피치는 짧은 시간 안에 서로를 이해하게 하고, 답답하고 아픈 마음까지 치유하는 효과도 있다.

얼마 전 만난 수강생 미경 씨는 자신의 지난날을 이야기하며 눈물을 흘렸다. 그녀는 남편과 이혼을 하고 혼자 세 아이를 키우고 있었다. 남편은 가정을 돌보지 않고 바람까지 피우며, 생활비조차 책임지지 않았다. 그녀는 현재 치과 조무사로 일하면서 정부의 보조를 받아 생활하는데, 누구에게도 보여주고 싶지 않은 환경 때문인지 남 앞에서 자신을 드러내는 게 너무 두렵다고 했다. 그녀의 유일한 취미는 배드민턴을 치는 것인데 운동 후에 동호회 회원들과 인사 한마디 하기가 어려웠다.

고민 끝에 나를 찾아온 그녀는 지난날을 돌이켜보니 억울하고 답답했는지 눈물을 흘렸다. 한참을 울고 난 그녀에게 나는 이미 지나간 과거는 되돌릴 수 없으니 이제 새로운 각오로 현재의 자신을 사랑하고 위로하며 당당하게 미래를 만들어가자는 말을 했다. 미경 씨는 누구에게도 속 시원히 말하지 못했던 일들을 솔직하게 이야기하고 나니 답답하고 외로웠던 마음에 위로를 받게 되었다고 했다. 그 후 미경 씨는 차츰 용기가 생겨 병원에서 환자를 대할 때도, 동호회에서 사람들을 만날 때도 주눅 들지 않고 자신이 하고 싶은 말을 하면서 잘 적응하고 있다.

"원장님, 사람은 진심으로 자신을 이해해주는 한 사람만으로도 충분히 변할 수 있네요. 정말 감사합니다."

진솔하고 진정성 있는 말은 새로운 희망을 줄 수 있는 위력이 있다. 미경 씨의 밝고 건강해진 미소가 오히려 내 마음까지 밝게 해주었다.

진정성 있는 스피치가 주는 힘

인공지능, 로봇공학, 드론, 자율주행. 불과 몇 년 사이 우리 주변에서 익숙하게 들을 수 있는 단어들이다. 4차 산업혁명이 만들어낸 첨단기술은 평범한 우리에게는 아직 낯설지만 시대는 하루가 다르게 변하고 있다.

인공지능은 인간의 학습, 추론, 지각능력 등을 컴퓨터로 프로그램화한 것이기에 스스로 일을 하는 능력은 없다. 반면 사람들은 상황에 맞는 업무 처리 능력뿐만 아니라 의사를 전달할 수 있다. 그래서 아무리 뛰어난 인공지능도 아직까지는 인간의 뇌를 따라잡을 수 없다. 또 아무리 기술이 발달해도 인간의 진정성까지 따라잡을 수는 없다. 그래서 인간만의 소통 능력인 스피치의 핵심도 진정성 있는 말하기라고 할 수 있다.

사람들은 꾸미지 않고 있는 그대로 자연스러운 모습에서 편안함을 느낀다. 2011년에 개봉했던 영화 〈킹스 스피치〉는 진정성 있는 말로 국가의 위기를 극복한 실화로 유명하다. 내용을 보면 이렇다.

조지 6세 버티는 영국의 둘째 왕자이다. 형인 윈저 공이 유부녀와 사랑에 빠져 왕위를 박탈당하자 말더듬 증세가 있는 버티가 왕위를 물려받게 된다. 그는 어려서부터 왼손잡이에 안짱다리였는데 억지로 교정을 하려다 보니 트라우마가 생겼고, 결국 말을 더듬는 버릇까지 생겼다. 원하지 않았지만 왕이 된 그는 자주 많은 사람들 앞에서 말을 해야 했다. 대중 앞에서 원고를 보고 읽는 것조차 두려워하며 말을 더듬는 버티를 위해 그의 아내 엘리자베스 왕비는 언어치료사를 불러 스피치 훈련을 시킨다. 라이오넬 로그라는 언어치료사는 다양한 방법으로 버티를 고쳐보려 하지만 오히려 다툼이 생겨 왕을 떠나기도 한다. 그러나 치료사의 진정성 있는 마음을 알게 된 버티는 다시 언어 치료를 받게 되고, 점점 말을 더듬는 증세가 줄어든다.

한창 2차 세계대전 중이던 1936년, 위기에 처한 나라를 위해 출병하는 군인들에게 왕이 용기를 주는 말을 해야 하는 시점이었다. 조지 6세는 침착하고 차분하게 진심 어린 말로 병사들에게는 용기를 내 싸워줄 것을 당부하고, 가족들에게는 부모의 마음으로 위로의 말을 한다. 그의 진심 어린 말은 온 국민에게 찬사를 받았고 프랑스와의 전쟁에서도 승리라는 결과를 얻었다. 실화를 바탕으로 만들어진 이 영화는 진심 어린 말이 얼마나 중요한지를 느끼게 해준다.

퍼스널 브랜딩 스피치 교육에서는 다양한 스킬도 중요하지만 빼놓을 수 없는 것이 진정성 있는 말하기이다. 진정성 있는 말은 상대에게 감동과 신뢰를 주고 중요한 순간에 빛을 발휘해 기회도 살릴 수 있는 힘이 된다.

SPEECH

스피치는 결국 소통이다

내 생각만 말하면 소통이 안 된다

소통이란 뜻이 잘 통하고 막힘이 없는 교류를 말한다. 개인이든 사회든 원활한 소통이 될 때 행복해질 수 있다. 그런데 이 소통의 중심에는 말이 있다. 아무리 좋았던 연인 사이도 말이 안 통하게 되면 아픈 이별을 할 수밖에 없고, 소중한 가족 관계에도 소통이 안 되면 싸움이 일어날 수 있다. 이렇게 중요한 소통을 어떻게 하면 잘할 수 있을까?

명심해야 할 것은 말의 내용보다는 태도가 중요하다는 것이다. '무엇'보다 '어떻게'에 신경을 써야 한다. 그러려면 미시적 언어(순간적으로, 즉석에서 말하기)보다는 거시적 언어(생각하고 노력하는 말하기)를 사용해야 한다. 미시적 언어로 상대에게 쉽게 던진 말 한마디가 예

기치 않게 오랜 상처로 남을 수도 있다. 주변에 보면 자식을 키우면서 소통이 안 된다는 말을 자주 하는데, 이는 거시적인 대화가 아니라 미시적인 대화만 했기 때문이다.

지인 중에 학원장인 춘호 씨가 있다. 춘호 씨는 아들 둘에 딸 하나를 두었는데 아이들이 공부도 잘하고 사춘기 때도 반항 한번 없이 잘 성장해서 주위의 부러움을 샀다. 그런데 어느 날 큰아들의 진로 문제로 의견을 나누게 되었다. 이미 춘호 씨 부부는 아이의 성적에 맞춰 내심 학교와 과를 정해놓았고, 당연히 아들이 자신들의 결정을 받아들일 줄 알았다. 그런데 아들은 전혀 다른 생각을 하고 있었고, 아무리 설득을 해도 소신을 굽히지 않아 무척 속상해 했다. 이야기 중 자신도 모르게 감정이 욱해진 나머지 손이 올라가 아들을 때릴 뻔했다고 한다. 그런데 아들이 아버지의 손목을 턱 잡으며 "아버지, 왜 이러세요. 진정하시죠. 제 진로는 이미 제가 생각해놨습니다."라고 말하는데 온몸에 기운이 쫙 빠지더라고 했다.

그는 '아, 그동안 내가 아이들의 생각을 듣지 않고 일방적으로 내 생각만 했구나.'라는 자괴감이 들어 며칠 동안 잠을 못 이루었다고 한다. 한동안 집안 분위기가 어색했지만 결국 아들에게 사과하고 자신을 돌아보는 소중한 기회가 되었다면서, 자신이 낳아 키운 자식일지라도 의견을 존중하고 소통하는 것이 얼마나 중요한지 깨닫게 되었다고 했다.

소통을 잘하려면 S. E. S. 기법을 활용하라

소통은 일방적인 말하기가 아니다. 그런데 소통을 한답시고 일장 연설을 한다거나 같은 말을 반복하면 듣는 상대는 괴로워진다. 그래서 말에 욕심을 내면 주변에 사람이 없다. 본인은 강조한답시고 했던 말을 또 할수록 '꼰대'라는 말만 듣게 된다. 이를 방지하기 위해서는 S. E. S. 기법을 쓰는 것이 좋다.

S(Simple) : 간단하게 요점만 말하자

부연 설명을 길게 하지 않고 간단하게 요약해서 말하면 듣는 사람도 말하는 사람도 편안한 말하기가 된다.

E(Easy) : 쉽게 말하자

어려운 말도 쉽게 해야 전달력이 생긴다. 가끔 어려운 단어나 영어를 섞어서 말하는 사람이 있는데, 이는 소통에 방해가 될 수 있다.

S(Short) : 짧게 말하자

말이 길어지면 지루하고 집중력도 떨어진다.

내가 자라던 어린 시절을 생각해보면 학교생활 중 가장 힘들었던 것이 월요일 아침의 조회 시간이었다. 월요일 아침이 되면 전교생이 운동장에 모여 조회를 하는데, 이때 교장선생님의 훈시는 정말 지루했다.

"에…… 학생 여러분"으로 시작되는 훈시는 학생들의 입장을 전혀 고려하지 않은 스피치였다. 선생님들은 지루해서 장난치는 애들을 감시해야 했고, 결국 몸이 약한 아이들이 몇 명씩 쓰러지기도 했지만 교장선생님의 말은 반복되었다. 아침 조회가 간단하고, 쉽고, 짧게 아이들 눈높이를 맞췄다면 얼마나 좋았을까라는 생각이 든다.

하지만 혹시 나도 교장선생님의 지루한 훈시 같은 말을 하지 않으란 법이 없다. 그래서 퍼스널 브랜딩 스피치 수업에서는 '상황을 파악하고 상대방의 눈높이를 맞추는 소통하는 말하기' 프로그램이 있다. 아무리 좋은 말도 소통이 안 되면 의미가 없기 때문이다.

다음은 '나를 돌아보는 말하기 체크리스트'이다. 소통을 위해 먼저 자신을 파악하는 데 도움이 될 것이다.

〈나를 돌아보는 말하기 체크리스트〉

- 상대 입장을 고려하지 않고 자신이 하고 싶은 말만 한다.
- 상대 이야기를 제대로 경청하지 않고 자신이 듣고 싶은 것만 골라 듣는다.
- 같은 이야기를 반복해서 지루한 대화를 한다.
- 다른 사람에게 말할 기회를 주지 않는다.
- 호칭을 부르지 않고 어정쩡하게 말한다.
- 상대방 이야기를 들을 때 리액션이 없다.

• 대화를 하다 주제와 상관없는 딴소리를 자주 한다.
• 남들이 어려워하는 주제를 꺼내 분위기를 어색하게 만든다.
• 부정적인 언어를 자주 쓴다.
• 처음 보는 사람에게 말 거는 것을 어색해한다.

위의 체크리스트 중 1~2가지만 해당되어도 소통이 잘 안 되는 경우가 많다. 평소에 자신이 어떻게 말하는지 돌아보고, 잘못된 점을 체크해보자. 고치려고 노력한다면 주변 사람들과 원만한 인간관계로 소통을 잘할 수 있을 것이다.

말에도 눈치가 있다

말눈치란 사전적 의미로 '말하는 가운데 은근히 드러나는 어떤 태도'이다. 주변을 보면 여러 사람이 모였을 때 유난히 분위기를 잘 파악해 즐겁게 만드는 사람이 있다. 그런 사람은 말에 눈치가 있고 센스도 있는 것이다.

최근에 한 모임에서 만난 민석 씨가 바로 그런 사람이다. 민석 씨는 상황에 맞추어 센스 있게 말하기는 물론이고 주변 사람들까지 골고루 챙기는 배려심도 깊다. 여러 사람이 모이면 주로 듣고만 있는 사람이 있는데, 그런 사람에게도 가벼운 질문을 던져 대화에 동참하게 한다. 지난봄에는 20여 명의 일행이 해외로 여행을 갔는데, 그때도 민석 씨가 나서서 시종일관 분위기를 이끌었다. 어찌나 입담도 좋고 상황에 맞는 말을 잘하는지, 2박 3일이 어떻게 갔는지 모를 정도였다.

여행 일정 중에 내가 강의하는 시간이 있었다. 강의 제목은 '리더들의 말 습관'이었다. 리더는 말할 기회가 많다. 그래서 자신의 말을 줄이고 상대방의 말을 듣는 것에 중점을 두어야 한다. 그래서 듣기 7 말하기 3 법칙을 이용해 말하는 습관이 필요하다는 강의였다. 내 강의가 끝나자 민석 씨는 지금까지 강의 중 최고였다며 칭찬 박수를 유도해주었고, 그날 강의는 민석 씨의 재치 있는 말눈치로 기분 좋게 마무리될 수 있었다. 이처럼 한 사람의 말눈치는 주변 사람들에게 좋은 영향력을 미칠 뿐만 아니라 분위기도 화기애애하게 만든다.

인류가 언어를 사용하고 가장 많이 쓰인 말이 "야, 야, 내 말 좀 들어봐."라는 이야기가 있다. 그만큼 사람들은 듣기보다는 말하기를 좋아하는 습성을 갖고 있다. 그래서 말을 할 때와 안 할 때를 구분하는 말눈치가 관계에는 더욱 중요한 역할을 한다.

공감하는 스피치를 하면 소통은 자연스럽게 이루어진다

사람들은 저마다 생각이 다르다. 같은 걸 보고 들어도 다른 감정을 느낀다. 그래서 공감을 하려면 마음이 먼저 열린 상태에서 대화가 되어야 한다.

수강생 중 부부 사이에 소통이 안 된다며 힘들어하는 경우도 많은데, 퍼스널 브랜딩 스피치 수업에 '공감으로 소통하기' 과정을 이수하고 이혼 직전에 있던 가정이 회복된 사례를 소개해본다.

명숙 씨는 농협에서 과장으로 근무하고 있다. 고등학교를 졸업하고 바로 입사해 지금까지 26년을 한 직장에서 열심히 일했다. 그런데 업무는 베테랑이지만 말수가 적어서 직원들과 소통이 어렵고, 회의를 해도 업무적인 얘기만 딱딱하게 진행해 직장 분위기가 좋지 않았다. 가정에서도 가족 간에 대화가 없고, 소통도 전혀 안 되었다. 더 이상은 안 되겠다 싶어 말 습관을 고치러 스피치 수업을 들으러 왔다.

명숙 씨는 외아들인 남편과 결혼해서 쭉 시어머니를 모시고 살았다. 남편은 사업을 하다가 실패하고 현재 쉬고 있는 상태이다. 고2 아들이 한 명 있는데, 남편의 유일한 소일거리가 아들 공부를 체크하는 것이다. 학원은 제때 가는지, 숙제는 잘하고 있는지 늘 확인하고 조금이라도 학교 성적이 떨어지면 난리가 난다. 그러다 아빠와 아들 사이가 나빠졌고, 이를 본 명숙 씨가 아이 편을 들자 부부 사이에 갈등이 생겼다. 아들 내외의 잦은 싸움에 시어머니도 늘 불안해했다. 이런 답답한 마음을 털어놓으며 명숙 씨는 눈물을 흘렸다.

"원장님, 말이 바뀌면 정말 소통이 될까요?"

"물론이죠. 그런데 말이 마음의 창인 걸 아세요?"

"마음의 창이라면…… 소통을 위해서는 내가 먼저 마음의 창을 열라는 뜻이군요."

"맞습니다. 창문은 잠금장치가 안에 있어요. 내가 먼저 열어야 쉽게 열린답니다."

그 후 명숙 씨에게는 공감하기 위해 마음을 여는 대화법으로 수업을 진행했다. 특히 '고, 미. 사' 화법을 적절하게 활용했다. '고, 미, 사'란 '고마워요, 미안해요, 사랑해요.'를 줄인 말이다. 작은 일에도 고맙다는 표현을 하고, 실수를 할 때는 미안하다는 말로 사과도 하며, 사랑한다는 표현을 자주 사용하는 화법이다.

그렇게 꾸준히 노력하자 처음에는 어색했던 말이 이젠 습관처럼 잘되어 남편도 이렇게 노력하는 명숙 씨의 모습을 보고 마음의 문을 열게 되었다.

"원장님, 스피치는 공감이 먼저 되어야 소통이 되는 거네요. 그동안 정말 고마웠습니다. 원장님은 우리 가족의 은인이에요."

얼마 전에도 남편과 여행을 다녀왔다고 자랑하는 명숙 씨를 보면 정말로 보람을 느낀다.

– 에필로그 –

스피치가 인생을 바꾼다

변화를 향해 달려가는 사람들

"책 한 권이 인생을 바꾼다."라는 말이 있다. 제대로 된 책을 만나면 사고가 열리고, 그것이 삶에 영향을 미쳐 인생을 변화시킬 수도 있기 때문이다. 그런데 내 이름을 걸고 한 권의 책을 내게 되니 너무 경이롭고, 감격스럽기까지 하다.

책을 쓰는 내내 다시 한 번 나 자신을 돌아볼 수 있었고, 함께해 준 주변 분들이 너무도 소중하다는 걸 새삼 느끼게 되었다.

사람은 크게 두 종류로 나눌 수 있다. 변화를 시도하면서 불안을 느끼는 사람과 아무 일도 하지 않고 시간이 지날수록 불만을 안고 사는 사람. 그런데 고맙게도 나를 만나러 오는 사람들은 처음에는 '나도 변할 수 있을까?' 하는 불안감을 가지고 오지만, 결국 자신감을 갖게 된다. 그래서 나는 꿈을 향해 달려가는 사람들의 모습들을 수없이 경험하였다. 이 책에는 그들의 변화된 사례들이 녹아 있다. 그리고 사람은 누구나 변화할 수 있다.

시작이 반이란 말은 어떤 일이든 일단 행동으로 실천되어야 변화의 결실로 만들 수 있다는 말이기도 하다. 감히 말하건대 대한민국의 경쟁력은 중장년이 새로운 변화를 시도하면서 경험은 살리되, 젊은 세대와 조화를 이루는 능력을 키워야 더욱 커질 수 있다. 그리고 이런 상황에서 필요한 것이 바로 자신의 가치를 발견하고 주변 사람들과 원만한 대인관계를 이룰 수 있는 퍼스널 브랜딩 스피치이다.

나 역시 퍼스널 브랜딩 스피치를 통해 수많은 사람을 만나면서 너무 행복했고, 변화를 통해 더 당당한 삶을 살아가는 모습을 보며 보람도 느끼고 있다.

글은 영원히 남는다

그동안 열심히 강의만 하다 제대로 된 책 한 권을 내려니 결코 쉽지 않았다. 봄부터 시작한 글쓰기는 한여름 더위도 느낄 겨를 없이 이어졌고, 계절이 바뀌었지만 썼다 지웠다 반복하면서 다른 생각은 전혀 할 수 없는 글 감옥에 갇히기도 했다. 그러나 이런 노력으로 풍성한 수확의 계절에 책을 통해 결실을 맺게 되었으니 하나

님께 진심으로 감사의 기도를 올린다.

글이란 수를 놓듯이 한 글자 한 글자를 갈고 다듬어야 보석처럼 빛난다. 말은 휘발성이 있어 한순간 지나가지만 글은 영원히 남기 때문에 더 신중하고 조심스럽다. 이 책은 나와 퍼스널 브랜딩 스피치를 통해 세상을 향해 자신감을 가지고 새 출발을 한 제자들과의 추억이 담긴 글이다. 그리고 행복하고 당당하게 멋진 미래를 꿈꾸는 사람들을 위한 길라잡이가 되는 책이기도 하다. 이 책을 읽는 독자들이 겸손하되 당당한 퍼스널 브랜딩 스피치를 통해 제2의 인생을 열어가면 좋겠다.

책이 나오기까지 격려와 관심으로 도움을 주신 라온북의 조영석 소장님과 김옥경 부장님, 편집부 가족들 그리고 가장 가까이에서 도움을 준 SLS스피치 박경희 실장에게도 고마움을 전한다. 책을 쓰는 동안 엄마가 아프실 때도 있었는데 자주 찾아뵙지 못했지만 끊임없이 기도해주심에 감사드린다. 또 묵묵히 응원해주었던 남편과 사랑하는 자녀들, SLS스피치 가족 여러분의 성원에도 깊이 감사드린다.

북큐레이션 • 원하는 곳에서 꿈꾸고, 가슴 뛰는 삶을 살고픈 이들을 위한 책

《나를 브랜딩하는 스피치 기술》과 함께 읽으면 좋은 책. 당당한 말로 나를 표현함으로써 나의 가치를 높이고 나를 차별화할 수 있습니다.

열정의 힘

최경숙 지음 | 15,000원

인생의 판을 뒤집는 경험을 배우고,
삶의 지혜를 더하는 통찰을 얻어라!

세상에는 두 부류의 사람이 있다. 상처에 굴복하여 웅크리는 사람과 역경을 딛고 용기 내서 세상에 부딪치는 사람. 삶의 주도권을 잡는 이들은 상처를 딛고 일어서 자기 길을 찾는 사람들이다. 저자는 이 같은 삶의 태도를 결정하는 것이 '열정'이며, 이런 태도를 가능하게 하는 에너지가 바로 '열정의 힘'이라고 단언한다. 예술경영자, 음악감독, 음악기획자, 평론가, 칼럼니스트, 매거진 발행인 등 자신의 영역을 끊임없이 확장하고 있는 저자가 '열정 파워'로 삶의 통찰을 얻은 비법을 소개한다.

하루 1% 15분 꾸준함의 힘

노승일 지음 | 14,500원

평범한 나를 특별하게 만들어주는
'꾸준함'의 힘을 경험하라!

항상 하던 다짐들이 작심삼일로 끝나는가? 결국 오늘도 포기하고 '내일부터 시작해야지'라며 하루를 흘려보내는가? 그리고 이 패턴이 매일같이 반복되는가? 그렇다면 이 책에서 하루에 단 1%, 15분만 꾸준히 투자하는 방법을 찾아보라. 성공, 좋은 관계, 건강, 행복 등 개인의 삶 속에서 세웠던 목표를 꾸준함의 힘으로 달성할 수 있을 것이다. 가난했던 한 청년의 가슴 설레는 도전들이 가득 담긴 이 책을 통해 독자들은 작심삼일과 무기력, 자괴감의 늪에서 빠져나와 새로운 인생을 살아갈 강력한 동기를 얻을 것이다.